여행 영어회화

여행 영어회화
여행 필수 회화, 한 권에 다 있다!

초판 1쇄 발행 2018년 11월 28일
개정판 1쇄 발행 2023년 9월 20일
개정판 2쇄 발행 2024년 2월 26일

지은이 이재연
펴낸이 장길수
펴낸곳 지식과감성#
출판등록 제2012-000081호

디자인 이현
편집 이현
교정 나은비
마케팅 김윤길

주소 서울시 금천구 벚꽃로298 대륭포스트타워6차 1212호
전화 070-4651-3730~4
팩스 070-4325-7006
이메일 ksbookup@naver.com
홈페이지 www.knsbookup.com

ISBN 979-11-392-1289-1(12740)
값 10,000원

- 이 책의 판권은 지은이에게 있습니다.
- 이 책 내용의 전부 또는 일부를 재사용하려면 반드시 지은이의 서면 동의를 받아야 합니다.
- 잘못된 책은 구입하신 곳에서 바꾸어 드립니다.

지식과감성#
홈페이지 바로가기

개정판

여행 필수 회화, 한 권에 다 있다!

여행 영어회화

이재연 지음

지식감정

이 책의 목차

✈ ❶ 출국

01 항공권 예약	항공권 예약	편도 왕복	여행 일정	좌석 등급	요금 문의	18p
	유류세 확인	더 싼 항공권	예약 결정	예약자 성함	예약 완료	19p
02 공항 로비	국제선 터미널 위치	카트 위치	짐 운반	안내 데스크 위치	공항 배치도 위치	20p
	항공편 안내판 위치	체크인 카운터 위치	환전소 위치	화장실 위치	편의점 위치	21p
03 발권	발권	예약 정보	좌석 지정	동행자	수하물 접수	22p
	핸드 캐리	무게 측정	스크린 검사	마일 리지 적립	탑승권 배부	23p
04 환전	환전소 위치	환율 체크	환전 요청	환전 금액	환전 수수료	24p
	신분증 제시	환전 방법	잔돈 교환	영수증 요청	여행자 수표 환전	25p
05 보안 검색	여권 탑승권 확인	액체류	처리 방법	벨트, 신발	소지품	26p
	전자 제품	검색대	가방 검사	금지 물품	검사 완료	27p
06 출국 심사	출국 심사대 위치	출국 카드 위치	대기선	여권 탑승권 확인	비자 확인	28p
	출국 목적	출국 일정	동행인	여행 경비	귀국 항공편	29p
07 면세점	면세점 위치	면세 할인율	면세 한도	행사 제품	제품 구매	30p
	추가 구매	결제 방법	여권 탑승권 확인	쿠폰 사용	물건 수취	31p
08 탑승	게이트 번호	게이트 대기 시각	게이트 가는 길 (1)	게이트 가는 길 (2)	탑승 게이트 확인	32p
	탑승 개시 시각	출발 지연	지연 예상 시간	탑승 시작	탑승권 확인	33p

✈ ❷ 기내

01 좌석 찾기	탑승 환영	탑승권 확인	좌석 안내	좌석 찾기	통로 이동	36p
	좌석 확인	좌석 교환	좌석 이동	짐 올리기	짐 넣을 공간	37p
02 이륙 준비	좌석 벨트 착용	전자 기기 끄기	핸드폰 끄기	의자 세우기	트레이 접기	38p
	블라인드 내리기	안전 수칙 시연	안전 카드	출발 지연	출발 안내	39p
03 음료 서비스	땅콩 서비스	음료 서비스	음료 권유	음료 종류	음료 추가 요청	40p
	커피 주문	차 주문	컵 치우기	승무원 호출	물 1잔	41p
04 기내식	기내식 서빙 시간	기내식 알림	식사 시간 조정	트레이 내리기	기내식 주문	42p
	고추장 요청	음료 종류	음료 주문	식사 마침	테이블 치우기	43p
05 기타 서비스	화장실 사용	신문	에어컨	무선 인터넷	기계 작동법	44p
	이어폰	베개·담요	약	멀미 봉투	소음	45p
06 기내 면세품	기내 판매 안내	사전 주문품	면세품 안내 책자	상품 주문서	상품 판매	46p
	인기 제품	저렴한 제품	구매 수량	할인율	결제 방법	47p
07 입국카드·세관신고서	국적 확인	입국 신고서 작성	펜 빌리기	입국 신고서 작성법	비행기 편	48p
	1장 더	세관 신고서 요청	세관 신고서 작성법	세관 신고 대상	세관 신고 금액	49p
08 착륙 직전	난기류	좌석 벨트 착용	비행 고도	도착 일정	현지 시간	50p
	현지 온도	현지 날씨	착륙 안내	의자·테이블 원위치	작별 인사	51p

❸ 도착

01 환승	환승 통로	환승 카운터	환승편	최종 목적지	짐 환승	54p
	환승 수속	게이트 확인	환승 대기 시간	환승 휴게실 위치	환승 휴게실 시설	55p
02 연착·결항	출발 일정	연착 상태	연착 이유	연결편 탑승 가능 여부	출발 지연	56p
	출발 지연 이유	결항 안내	결항 이유	결항 보상	대체편	57p
03 비행기를 놓쳤을 때	도움 요청	안내 데스크	다음 항공편	다음 항공편 시간	다른 항공사	58p
	새 항공편	빠른 항공편	가능한 항공편	추가 비용	새 탑승권 발부	59p
04 입국 심사	여권 입국 신고서	비자	국적	출국 국가	입국 목적	60p
	직업	방문 횟수	동행인	체류 일정	체류 장소	61p
05 수하물 찾기	수하물 찾는 곳	수하물 창구	수하물 이송	카트	수하물 분실	62p
	수하물 분실 신고	탑승 항공편	수하물 모양	수하물 보관증	연락 요망	63p
06 세관 검사	세관신고서 제출	신고 물품 (1)	신고 물품 (2)	과일 채소	내용물	64p
	자진 신고	과세 금액	구매 가격	영수증	검사 완료	65p
07 공항 도착	출구 위치	공항 안내소 위치	화장실 위치	핸드폰 임대	시내 가는 법	66p
	공항 버스 위치	셔틀 버스 위치	지하철역 위치	택시 승강장 위치	렌터카 대여소 위치	67p
08 공항 안내소	여행 안내소 위치	관광 안내 팸플릿	관광지 추천	시내 지도	버스 노선도	68p
	지하철 노선도	호텔 예약	호텔 리스트	호텔 추천	셔틀 버스	69p

❹ 교통

01 길 묻기	현재 위치	지도상 표시	목적지 가는 방법	가장 좋은 방법	거리	72p
	소요 시간	약도	길 잃음	방향	길 확인	73p
02 버스	버스 정류장 위치	버스 번호	노선 확인	다음 버스	버스 요금	74p
	도착 시간	자리 착석	갈아 타기	목적지 도착 알림	하차 장소	75p
03 택시	택시 승강장	목적지	트렁크	요금	소요 시간	76p
	더 빨리	우회전	기다림 요청	하차 장소	요금 지불	77p
04 지하철	지하철 역	개찰구	몇 호선	요금	티켓 구매	78p
	노선 확인	환승역	하차역	다음역	출구	79p
05 기차	매표구	시각 운임표	티켓 구매	좌석 등급	승강장	80p
	기차 확인	좌석	다음 정거장	정차 시간	도착 시간	81p
06 렌터카	자동차 렌트	차 종류	하루 요금	사용 기간	운전자	82p
	국제 운전 면허증	보험 가입	결제 방법	차 상태	긴급 연락처	83p
07 선박	매표소 위치	승선권 구매	선실 선택	선실 요금	승선 장소	84p
	승선 시간	승선 시작	선실 위치	식당	뱃멀미	85p
08 자전거	자전거 대여소 위치	자전거 대여	자전거 종류	시간당 요금	신분증 · 보증금 제시	86p
	반납 시간	브레이크 고장	공기 주입	타이어 펑크	자전거 반납	87p

❺ 호텔

01 호텔 예약	룸 예약	요금 문의	조식 포함	장기 투숙 할인	숙박 기간	90p
	예약 가능	룸 선택	예약자	결제 방법	예약 취소 벌금	91p
02 체크인	체크인	예약 확인	여권 신용카드 제시	룸 종류	숙박 카드 기입	92p
	전망 좋은 방	룸 배정	룸키 조식쿠폰	조식 시간	짐 운반	93p
03 룸 서비스	모닝콜	룸 서비스	식사 주문	국제 전화	룸 청소	94p
	무선 인터넷	세탁 의뢰	수건	비누 · 샴푸	귀중품	95p
04 호텔 시설 이용	호텔 시설	식당 위치	영업 시간	카페	바	96p
	가라오케	헬스장	수영장	마사지	비즈니스 센터	97p
05 불편 사항	카드키 사용법	카드키 분실	방 잠김	방번호 망각	소음	98p
	에어컨 고장	화장실 고장	뜨거운 물	수도 꼭지 고장	방 교환	99p
06 체제 기간 변경	체크인 시각	일찍 체크인	늦은 체크인	체크 아웃 시간	출발 시간	100p
	2시간 늦게	오후 까지	추가 요금	하루 일찍	숙박 기간 연장	101p
07 체크 아웃	카트 요청	체크 아웃	룸 넘버	미니바	계산서 확인	102p
	계산서 착오	세부 항목 확인	계산 방법	방에 두고 온 물건	작별 인사	103p
08 프런트 데스크 문의	호텔 명함	셔틀 버스	셔틀 버스 시간표	관광 명소	시내 투어	104p
	시티맵	쇼핑몰	식당가	짐 맡김	콜택시	105p

❻ 식사

01 식당 찾기	식당가	한국 음식점	맛있는 식당	현지 유명 식당	지방 명물 요리점	108p
	싸고 맛있는 식당	식당 이름으로 찾기	가벼운 식사	오픈한 식당	책 속 식당	109p
02 예약·입구	자리 확인	몇 분	자리 없음	대기 시간	대기 명단	110p
	자리 안내	자리 변경	전망 좋은 자리	조용한 곳	흡연석	111p
03 식사 주문	메뉴	주문	오늘의 요리	추천 메뉴	잘하는 요리	112p
	빨리 되는 요리	요리 주문	추가 주문 (1)	추가 주문 (2)	디저트	113p
04 서비스 요청	테이블 정리	요리 시간	더 익혀서	상한 음식	주문 착오 (1)	114p
	주문 착오 (2)	컵 하나 더	포크 하나 더	앞접시 하나 더	물수건	115p
05 계산	계산 카운터	계산서	총 금액	세부 항목	팁	116p
	계산서 오류	모두 계산	나눠서 지불	계산 방법	영수증	117p
06 패스트 푸드점	주문	음료 주문	사이즈	추가 주문	테이크 아웃	118p
	주문 상세	추가 요구	대기 시간	음식 지연	리필 요청	119p
07 카페	음료 주문	음료 선택	사이즈	농도	크림 설탕	120p
	휘핑 크림	생과일 주스	아이스 크림	맛	컵·콘	121p
08 술집·바	술집 추천	신분증 확인	술 종류	맥주 종류	안주	122p
	교환	1병 더	주문 변경	술 한잔	건배	123p

❼ 관광

01 관광 정보	관광 안내소	관광 정보	관광 안내 팸플릿	관광 지도	시내 지도	126p
	관광 상품	1일 관광	주요 관광지	인기 있는 관광지	할 만한 것	127p
02 관광 예약	관광 신청	출발 시간	소요 시간	준비물	귀가 시간	128p
	비용	식사 포함	자유 시간	다음 시간	호텔 픽업	129p
03 가이드 안내	가이드 설명 (1)	가이드 설명 (2)	가이드 설명 (3)	이동	정차 시간	130p
	자유 시간	화장실	출입 금지	주의 사항 (1)	주의 사항 (2)	131p
04 버스 투어	시내 관광 버스	관광 상품	관광 비용	시내 관광 투어	관광 코스	132p
	출발 일정	귀가 시간	관광 소요 시간	가이드	식사 포함	133p
05 관광지 에서	할 만한 것	관광 시간	돌아올 시간	입장권 구매	관광 팸플릿	134p
	볼 만한 것	건물 용도	유적지	시내 관광	가이드	135p
06 유람선	유람선	승선 위치	승선 시간	티켓 구매	소요 시간	136p
	뱃멀미	주의 사항	매점	화장실	도착 시간	137p
07 박물관 · 미술관	개·폐관 시간	프로그램 가격표	입장료	티켓 구매	안내문	138p
	가이드	헤드셋	짐 맡김	대기줄	출구	139p
08 사진 촬영	촬영 허가	촬영 부탁	카메라 작동법	배경 선정	장소 선정	140p
	플래시	1장 더	촬영 권유	사진 송부	E-mail 주소	141p

❽ 엔터테인먼트

01 놀이공원	놀이공원	입장권 구매	공원 지도	대기 시간	사진 촬영	144p
	이용 조건	주의 사항	선물 가게	마감 시간	출구	145p
02 수영장	입장료	수질	비치 의자	탈의실	선크림	146p
	수영모	타올	유아풀	주의 사항	안전 요원	147p
03 클럽	나이트 클럽	인원수	입장료	신분증 확인	자리	148p
	쇼타임	주문	댄스 권유	합석	영업 시간	149p
04 카지노	카지노 위치	드레스 코드	인원수	신분증 확인	칩교환	150p
	환전	참가	베팅	잭팟	현금 교환	151p
05 마사지	입장	추천 코스	코스 선택	가격 흥정	탈의실	152p
	불편한 곳	강도	추가 부위	샤워실	인사	153p
06 영화관	추천 영화	상영 시간	인원수	좌석	음료	154p
	계산	팸플릿	입장권 검사	화장실	주차 정산	155p
07 공연장	공연 정보	공연 시간	좌석 선택	몇 분	팸플릿	156p
	좌석 안내	시작 시간	중간 휴게 시간	소감	출구	157p
08 경기장	경기 일정	경기 장소	경기 시간	시합팀	티켓 구매	158p
	티켓 가격	경기 상황	경기 응원	경기 결과	스코어	159p

❾ 쇼핑

01 주류·담배	주류 구매	선호 제품	품질 비교	구매 수량	담배 구매	162p
	추가 구매	신용 카드	일시불	선물 포장	포장	163p
02 옷·신발	보여 주세요	시착용	탈의실	거울	색상	164p
	사이즈	디자인	어울림	구매 고민	구매 결정	165p
03 화장품	립스틱	브랜드	유행 칼라	선호 칼라	더 밝은 색	166p
	피부 타입	샘플 테스트	색 어울림	신제품	선물용	167p
04 귀금속	진열장 안 제품	보여 주세요	보석 종류	진품 확인	디자인	168p
	추천 제품	제조 국가	시착용	사이즈 조절	보증서	169p
05 가방	브랜드	디자인	유행 디자인	가격	용도	170p
	재질	시착용	소재	결제	세금 환급	171p
06 식료품	쇼핑 카트	과일 코너	판매 방법	근당 가격	무게 측정	172p
	개당 가격	특산품	원산지	유통 기한	포장	173p
07 전자제품	찾는 모델	최신 모델	다른 모델	특징	기능	174p
	무게	휴대성	가격	테스트	구매	175p
08 기념품	기념품 구경	찾는 제품	판매 현황	인기 제품	선물용 제품	176p
	전통 제품	의미	대량 구매	특산품	건강 용품	177p

⑩ 편의시설

01 우체국	우편물	우편 종류	요금	도착 시기	우편 번호	180p
	소포	내용물	깨지기 쉬운 물건	항공편 선편	우편 보험	181p
02 공중 전화	공중 전화 위치	동전 교환	전화 거는 방법	부재중	메시지 남기기	182p
	메시지 전달	재통화 시도	통화중	크게	끊을 때	183p
03 국제 전화 카드	국제 전화 카드	전화 카드 구매	사용 가능 시간	사용 방법	1분당 통화료	184p
	국제 전화	번호 통화	전화 번호	통화 연결	콜렉트 콜	185p
04 인터넷 카페	인터넷 카페 위치	인터넷 사용	시간당 요금	한글 사용	한글 다운 로드	186p
	자료 검색	자리 이동	헤드폰	이메일 확인	프린터 사용	187p
05 이메일 · 팩스	이메일 확인	컴퓨터 사용	인터넷 접속	첨부 파일	이메일 발송	188p
	팩스 사용	팩스 보내기	팩스 번호	작성 양식	재전송	189p
06 주유소	연료양	주유소 위치	주유양	자동차 위치	종류	190p
	시동 끔	주유 금액	워셔액 주입	세차	내부 세차	191p
07 은행	여행자 수표 환전	수표 이서	신용 카드 분실	신용 카드 수령지	출금	192p
	송금	송금 수수료	입금표 작성	계좌 개설	현금 카드 발급	193p
08 ATM	ATM 위치	ATM 사용법	카드 삽입	PIN 넘버	거래 선택	194p
	거래 금액	현금 명세표 수취	출금 금액 착오	카드 삼킴	지급기 고장	195p

⑪ 문제발생

01 의사 소통	언어 종류	한국어 하는 사람	영어 가능 여부	다른 언어	모국어	198p
	천천히	무슨 뜻	써 주세요	상황 설명	통역사	199p
02 실종	친구 실종	도움 요청	발생 경위	나이 · 성별	인상 착의	200p
	마지막 목격자	연락 두절	찾아 보기	실종자 방송	실종자 발견	201p
03 도난	소매 치기	도난품	신고	발생 장소	상황 설명	202p
	인상 착의	지갑 모양	분실 금액	대사관 연락	연락처	203p
04 분실	가방 분실	버스 내 분실	버스 번호	분실물 취급소	분실물	204p
	내용물	분실물 신고서	신고서 작성	연락 요망	여권 재발급	205p
05 병원	병원 위치	진료 요청	진찰 예약 확인	사고 경위	증상	206p
	증상 부위	검사	처방전	여행자 보험	진단서	207p
06 약국	약국 위치	처방전 없이	처방전 대로	약 구매	증상	208p
	휴식	복용 방법	부작용	알레 르기	진찰 권유	209p
07 차 고장	긴급 출동 서비스	도착 일정	문제점	수리 요청	차 상태	210p
	브레 이크 고장	밧데리 아웃	엔진 고장	엔진 오일 교체	팬벨트 교체	211p
08 교통 사고	교통 사고 신고	사고 상황	사고 위치	부상자	부상 상태	212p
	응급 처치	응급차 도착 시간	신분증	보험사 연락	사고 신고서	213p

⑫ 귀국

01 공항 이동	콜택시	목적지	셔틀버스 시간	탑승 장소	지하철	216p
	환승	출구	버스	소요 시간	하차	217p
02 공항 로비	국제선 터미널 위치	카트 위치	짐 운반	안내 데스크 위치	공항 배치도 위치	218p
	항공편 안내판 위치	체크인 카운터 위치	환전소 위치	화장실 위치	편의점 위치	219p
03 발권	발권	예약 정보	좌석 지정	동행자	짐 붙이기	220p
	핸드 캐리	무게 측정	스크린 검사	마일리지 적립	탑승권 배부	221p
04 보안 검색	여권·탑승권 확인	액체류	처리 방법	벨트 신발	소지품	222p
	전자제품	검색대	가방 검사	금지 물품	검사 완료	223p
05 출국 심사	출국 심사대	출국 카드	대기선	여권·탑승권 확인	직업	224p
	출국 목적	출국 일정	방문 횟수	동행인	경유 국가	225p
06 면세점	면세점 위치	면세 할인율	면세 한도	행사 제품	제품 구매	226p
	추가 구매	결제 방법	여권·탑승권 확인	쿠폰 사용	물건 수취	227p
07 탑승	게이트 번호	게이트 대기 시각	게이트 가는 길 (1)	게이트 가는 길 (2)	탑승 게이트 확인	228p
	탑승 개시 시각	출발 지연	지연 예상 시간	탑승 시작	탑승권 확인	229p
08 세관 신고	세관 신고서 제출	신고 물품 (1)	신고 물품 (2)	과일 채소	내용물	230p
	자진 신고	과세 금액	구매 가격	영수증	검사 완료	231p

① 출국

01 항공권 예약	듣기	☐ ~을 도와 드릴까요? ☐ ~이 어떻게 되시나요? ☐ ~을 처리해드리겠습니다.	May I help ~ ? What is ~ ? I'll take care of ~ ?
	말하기	☐ ~하고 싶어요. ☐ ~이 얼마인가요? ☐ ~이 있나요?	I'd like to ~ . How much is ~ ? Is there ~ ?
02 공항 로비	듣기	☐ ~와 ~ 사이에 있습니다. ☐ ~ 바로 옆에 있습니다. ☐ ~ 근처에 있습니다.	It's in between ~ and ~ . You can find it right next to ~ . It's nearby ~ .
	말하기	☐ ~는 어디에 있나요? ☐ ~는 어디에 있나요? ☐ ~이 있나요?	Where is ~ ? Where can I find ~ ? Is there any ~ ?
03 발권	듣기	☐ ~을 주세요. ☐ ~하시겠어요? ☐ ~이 있으신가요?	Let me have ~ . Would you like ~ ? Do you have ~ ?
	말하기	☐ 여기 ~입니다. ☐ ~을 가지고 탈게요. ☐ ~을 붙여 주세요.	Here is ~ . I'll carry ~ with me. Please, put ~ on ~ .
04 환전	듣기	☐ ~ 근처에 있습니다. ☐ ~을 주시겠어요? ☐ ~은 어떻게 바꿔드릴까요?	It is located near ~ . Let me have ~ . How would you like ~ ?
	말하기	☐ ~의 환율은 얼마인가요? ☐ ~로 바꿔 주시겠어요? ☐ ~을 주시겠어요?	What's the exchange rate for ~ ? Can you break ~ ? Can I have ~ ?

여행 영어회화 필수 패턴 실력 테스트

사전체크로 나의 실력을 알아보세요.

05 보안 검색	듣기	☐ ~을 보여 주세요? ☐ ~를 가지고 탈 수 없습니다. ☐ ~에 넣어 주세요.	May I see ~ ? You can't board with ~ . Please place ~ .
	말하기	☐ ~해야 하나요? ☐ ~할 수밖에 없네요. ☐ ~을 꺼내었습니다.	What should I ~ ? I have no choice but to ~ . I've emptied ~ .
06 출국 심사	듣기	☐ ~에 줄을 서세요. ☐ ~을 보여 주세요. ☐ ~의 목적은 무엇인가요?	Please stand in the line for ~ . Please show me ~ . What's the purpose of ~ ?
	말하기	☐ ~은 어디인가요? ☐ ~을 받았습니다. ☐ ~할 계획입니다.	Where is ~ ? I've got ~ . I plan to ~ .
07 면세점	듣기	☐ ~에 따라 다릅니다. ☐ 더 ~것이 있으신가요? ☐ ~을 어떻게 하시겠어요?	That depends on ~ . Is there anything more ~ ? How would you like to ~ ?
	말하기	☐ 특별 ~은 무엇인가요? ☐ ~을 주세요. ☐ ~을 사용할 수 있나요?	What's the special ~ ? Let me have ~ . Can I use ~ ?
08 탑승	듣기	☐ ~부터 시작합니다. ☐ 죄송합니다만, ~할 예정입니다. ☐ ~을 시작합니다.	It starts from ~ . Sorry, but it will be ~ . We will begin ~ .
	말하기	☐ 몇 번 게이트로 ~하나요? ☐ 몇 시까지 ~하나요? ☐ ~게이트가 여기인가요?	Which gate should I ~ ? What time should I ~ ? Is this the gate for ~ ?

01
항공권 예약

1. 핵심패턴 3 ··· 상대방

이런 표현을 듣게 돼요

- ❶ ~을 도와 드릴까요? May I help ~ ?
- ❷ ~이 어떻게 되시나요? What is ~ ?
- ❸ ~을 처리해드리겠습니다. I'll take care of ~ ?

2. 단계별 핵심대화   상대방   여행자

	상대방	여행자
1 항공권 예약	무엇을 도와드릴까요? ❶ May I help you?	뉴욕행 비행편을 예약하고 싶어요. ❶ I'd like to book a flight to New York.
2 편도·왕복	편도인가요? 왕복인가요? One-way or round-trip?	왕복입니다. Round-trip, please.
3 여행 일정	여행 일정이 어떻게 되시나요? ❷ What is your travel schedule?	12월 22일 오전 출발, 29일 오후에 돌아올 예정입니다. We will depart on the morning of Dec 22 and return on the evening of Dec 29.
4 좌석 등급	좌석 등급은 무엇으로 하시겠어요? Which class would you like?	일반석으로 부탁해요. Economy, please.
5 요금 문의	요금은 얼마인가요? ❷ How much is the fare?	300달러입니다. It's 300 dollars.

018

3. 핵심단어

비행편을 예약하다	편도	왕복
book a flight	one-way	round trip
여행 일정	출발하다	돌아오다
travel schedule	depart	return
좌석 등급	일반석	요금
class	economy	fare

출국 > 기내 > 도착 > 교통 > 호텔 > 식사 > 관광
귀국 > 문제발생 > 편의시설 > 쇼핑 > 엔터테인먼트

1. 핵심패턴 3 … 여행자

이렇게 말해보세요

1. ~하고 싶어요. I'd like to ~ .
2. ~은 얼마인가요? How much is ~ ?
3. ~이 있나요? Is there ~ ?

2. 단계별 핵심대화 상대방 / 여행자

6 유류세 확인	유류세가 포함된 가격인가요? Does the price include fuel surcharge?	네. 포함되어 있습니다. Yes, it does.
7 더 싼 항공권	더 싼 항공권이 있나요? ❸ Is there a cheaper ticket?	아니요. 이것이 가장 싼 항공권입니다. No. This is the cheapest ticket.
8 예약 결정	그것으로 예약해 주세요. Please make a reservation for it.	네. 바로 처리해드리겠습니다. Yes. ❸ I'll take care of it right away.
9 예약자 성함	성함을 알려 주세요. What's your name?	김예서입니다. My name is YS Kim.
10 예약 완료	예약이 완료되었습니다. 문자로 예약사항을 보내드리겠습니다. Your reservation is complete. We will send you your reservation by SMS.	네. 감사합니다. Yes. Thank you.

3. 핵심단어

포함하다 include	유류세 fuel surcharge	더 싼 항공권 cheaper ticket
예약하다 make a reservation	처리하다 take care of	바로 right away
마치다 complete	예약 reservation	문자로 by SMS

02
공항 로비

1. 핵심패턴 3 ··· 상대방

이런 표현을 듣게 돼요

① ~와 ~ 사이에 있습니다. It's in between ~ and ~ .
② ~ 바로 옆에 있습니다. You can find it right next to ~ .
③ ~ 근처에 있습니다. It's nearby ~ .

2. 단계별 핵심대화   상대방   여행자

#	구분	여행자	상대방
1	국제선 터미널 위치	국제선 터미널은 어느 쪽인가요? Which one is the international airport terminal?	A동이 국제선 터미널이고, B동이 국내선 터미널입니다. A-wing is an international terminal and B-wing is a domestic terminal.
2	카트 위치	카트는 어디에 있나요? Where are the baggage carts?	출입구 바로 앞에 있습니다. Just in front of the main entrance.
3	짐 운반	제 짐 좀 같이 들어 주시겠어요? Could you please carry my baggage with me?	네, 그러죠. 짐이 많으시네요. Of course, you've got a lot of baggage!
4	안내데스크 위치	안내데스크는 어디에 있나요? ❶ Where is the information desk?	D와 E 사이에 있습니다. ❶ It's in between D and E.
5	공항 배치도 위치	공항배치도는 어디에 있나요? ❷ Where can I find airport facility guide board?	안내데스크 바로 옆에 있습니다. ❷ You can find it right next to the information desk.

3. 핵심단어

A동 A-wing	국제선 터미널 international terminal	짐 baggage
카트 cart	운반하다 carry	많이 갖고 있다 have got a lot of
안내데스크 information desk	D와 E 사이에 between D and E	바로 옆에 right next to

| 출국 | 기내 | 도착 | 교통 | 호텔 | 식사 | 관광 |
| 귀국 | 문제발생 | 편의시설 | 쇼핑 | 엔터테인먼트 | | |

1. 핵심패턴 3 여행자

이렇게 말해보세요

❶ ~는 어디에 있나요?	Where is ~ ?
❷ ~는 어디에 있나요?	Where can I find ~ ?
❸ ~이 있나요?	Is there any ~ ?

2. 단계별 핵심대화 상대방 여행자

6 항공편 안내판 위치	항공편 안내판은 어디에 있나요? Where are the flight information board?	체크인 카운터 근처에 있습니다. It's displayed near the check-in counters.
7 체크인 카운터 위치	대한항공 체크인 카운터는 어디 인가요? Where's the Korean Air check-in counter?	오른편 3번째 카운터입니다. It's the 3rd counter on the right.
8 환전소 위치	환전소는 어디에 있나요? Where is the money exchange counter?	H와 I 사이에 있습니다. It's in between H and I.
9 화장실 위치	화장실이 어디 있나요? Where is the toilet?	저쪽 코너에 있습니다. It's over there.
10 편의점 위치	이 근처에 편의점이 있나요? ❸ Is there any convenient stores around here?	저쪽 약국 근처에 있습니다. ❸ It's nearby the pharmacy over there.

021

3. 핵심단어

항공편 안내판 flight information board	(정보를) 보여 주다 display	체크인 카운터 check-in counter
오른쪽 on the right	환전소 money exchange counter	화장실 toilet
저쪽에 over there	편의점 convenient store	약국 pharmacy

03
발권

1. 핵심패턴 3 · 상대방   이런 표현을 듣게 돼요

- ❶ ~을 주세요. Let me have ~ .
- ❷ ~하시겠어요? Would you like ~ ?
- ❸ ~이 있으신가요? Do you have ~ ?

2. 단계별 핵심대화   상대방 여행자

	여행자	상대방
1 발권	뉴욕행 비행기 발권을 하고 싶어요. I'd like a ticket bound for New York.	여권과 예약번호를 주세요. ❶ Let me have your passport and reservation number.
2 예약정보	여기 제 여권과 예약번호입니다. ❶ Here is my passport and reservation number.	2시 뉴욕행 비행기를 예약하셨네요. You've booked a flight for New York, right?
3 좌석지정	좌석은 창문 쪽으로 하시겠어요? 통로 쪽으로 하시겠어요? ❷ Would you like a window or aisle seat?	창문 쪽 자리로 부탁해요. A window seat, please.
4 동행자	동행이 있으신가요? Is anybody traveling with you?	동행자 1명이 있습니다. Just with one companion.
5 수하물접수	부치실 짐이 있으신가요? ❸ Do you have any baggage to check in?	이 가방은 붙여 주시고요. 이 가방은 가지고 탈게요. Please check-in this bag and ❷ I'll carry this bag with me.

3. 핵심단어

~로 향하는	여권	예약번호
bound for	passport	reservation number
비행기	창문 쪽 좌석	통로 쪽 좌석
flight	window seat	aisle seat
~와 함께 여행하다	짐	부치다
travel with	baggage	check in

| 출국 | 기내 | 도착 | 교통 | 호텔 | 식사 | 관광 |
| 귀국 | 문제발생 | 편의시설 | 쇼핑 | 엔터테인먼트 |

1. 핵심패턴 3 여행자

이렇게 말해보세요

1. 여기 ~입니다. — Here is ~ .
2. ~을 가지고 탈게요. — I'll carry ~ with me.
3. ~을 붙여 주세요. — Please, put ~ on ~ .

2. 단계별 핵심대화 상대방 / 여행자

	상대방	여행자
6. 핸드캐리	이 가방은 가지고 탈 수 있겠지요? I can carry this bag with me, can't I?	네, 그 사이즈는 핸드캐리 가능하십니다. Yes, that size can be hand-carried.
7. 무게측정	부치실 짐을 저울에 올려 주세요. Please put the baggage on the scale.	파손 위험 스티커를 붙여 주세요. ❸ Please put the 'Fragile' sticker on the baggage.
8. 스크린 검사	스크린 검사가 있으니 5분간 대기후에 가십시오. Please standby for 5 minutes for the screening before you proceed.	네. 그럴게요. OK, I will.
9. 마일리지 적립	이 비행을 제 마일리지에 적립해 주세요. Please save up this flying mileage to my account.	네. 적립 완료되었습니다. Of course, it's been done as you requested.
10. 탑승권 배부	다 됐습니다. 여기 탑승권 있습니다. 20번 탑승구로 가십시오. You're all set. Here's your boarding pass. Please proceed to gate 20.	감사합니다. Thank you!

3. 핵심단어

휴대하다 carry	핸드캐리하다 hand-carry	저울 scale
파손 위험 Fragile	대기하다 standby	적립하다 save up
완료되다 be done	탑승권 boarding pass	탑승구 gate

04
환전

1. 핵심패턴 3 ··· 상대방

이런 표현을 듣게 돼요

1. ~ 근처에 있습니다.   It is located near ~ .
2. ~을 주시겠어요?   Let me have ~ .
3. ~을 어떻게 바꿔드릴까요?   How would like ~ ?

2. 단계별 핵심대화 상대방 여행자

1	환전소 위치	환전소는 어디에 있나요? Where is the money exchange counter?	중앙 안내데스크 근처에 있습니다. ❶ It is located near the central information desk.
2	환율 체크	오늘 달러의 원화와의 환율은 얼마인가요? ❶ What's the exchange rate for Korean won to U.S dollar?	1달러에 1,100원입니다. One dollar to 1,100 won.
3	환전 요청	이것을 달러로 환전해 주시겠어요? Could you exchange these for dollars?	80만원이네요. 맞으시죠? 800,000 won, correct?
4	환전 금액	네. 맞습니다. Yes, it is.	오늘 환율로 환전하시면 700달러 50센트입니다. That will be 700 dollars and 50 cents if you exchange them with today's rate.
5	환전 수수료	환전 수수료는 얼마인가요? How much is the exchange commission?	달러당 20원입니다. It's 20 won for a dollar.

3. 핵심단어

환전소	위치하다	안내데스크
money exchange counter	locate	information desk
환율	원화	교환하다
exchange rate	Korean won	exchage
맞는	환전 수수료	달러에
correct	exchange commission	for a dollar

| 출국 | 기내 | 도착 | 교통 | 호텔 | 식사 | 관광 |
| 귀국 | 문제발생 | 편의시설 | 쇼핑 | 엔터테인먼트 | | |

1. 핵심패턴 3 … 여행자

이렇게 말해보세요

1. ~의 환율은 얼마인가요? What's the exchange rate for ~ ?
2. ~로 바꿔 주시겠어요? Can you break ~ ?
3. ~을 주시겠어요? Can I have ~ ?

2. 단계별 핵심대화 상대방 여행자

	상대방	여행자
6. 신분증 제시	신분증을 주시겠어요? ❷ Let me have your ID, please.	네, 여기 있습니다. Here you go.
7. 환전 방법	지폐를 어떻게 바꿔드릴까요? ❸ How would you like your bills?	100달러 6장과 나머지는 10달러로 주세요. Six 100 dollar bills and 10 dollar bills for the rest.
8. 잔돈 교환	이 지폐를 1달러짜리로 바꿔 주시겠어요? ❷ Can you break this bill into one dollar bills?	네, 여기 있습니다. Sure, here you are.
9. 영수증 요청	영수증을 주시겠어요? ❸ Can I have a receipt?	물론입니다. 여기 있습니다. Of course, here you go.
10. 여행자 수표 환전	이 여행자수표를 현금으로 바꿔 주세요. I'd like to cash-in this traveller's check.	알겠습니다. 여기에 사인해 주세요. OK. Sign your name here, please.

3. 핵심단어

신분증 ID	여기 있습니다 Here you go	지폐 bill
나머지 for the rest	바꾸다 break	영수증 receipt
현금으로 바꾸다 cash-in	여행자수표 traveller's check	서명하다 sign

05 보안검색

1. 핵심패턴 3 ··· 상대방

이런 표현을 듣게 돼요

① ~을 보여 주세요? — May I see ~ ?
② ~를 가지고 탈 수 없습니다. — You can't board with ~ .
③ ~에 넣어 주세요. — Please place ~ .

2. 단계별 핵심대화 상대방 / 여행자

#	구분	상대방	여행자
1	여권·탑승권 확인	여권과 탑승권을 보여 주세요. ❶ May I see your passport and the boarding pass, please?	여기 있습니다. Here they are.
2	액체류	100ml가 넘는 액체류를 기내에 가지고 탈 수 없습니다. ❷ You can't board with liquid products over 100ml.	그럼 어떻게 해야 하나요? So ❶ what should I do?
3	처리 방법	짐으로 부치거나, 버리셔야 합니다. Throw away or send it as a baggage.	애석하지만 버릴 수밖에 없네요. Heartbreaking! ❷ I have no choice but to throw it away.
4	벨트·신발	벨트와 신발은 바구니에 넣어 주세요. ❸ Please place your belt and shoes in the tray.	네, 넣었습니다. OK, done.
5	소지품	보안검색을 위해서 주머니 속 소지품을 모두 꺼내 주세요. Please take out all your belongings for security inspection.	네, 여기에 모두 꺼내었습니다. Yes, ❸ I've emptied my pockets already.

3. 핵심단어

여권 passport	탑승권 boarding pass	~을 가지고 탈 수 없다 can't board with
액체류 liquid products	버리다 throw away	애석한 heartbreaking
~을 넣다 place	바구니 tray	꺼내다 empty

출국　　기내　　도착　　교통　　호텔　　식사　　관광
귀국　　문제발생　　편의시설　　쇼핑　　엔터테인먼트

1. 핵심패턴 3 … 여행자

이렇게 말해보세요

❶ ~해야 하나요?	What should I ~ ?
❷ ~할 수밖에 없어요.	I have no choice but to ~ .
❸ ~을 꺼내었습니다.	I've emptied ~ .

2. 단계별 핵심대화 상대방 여행자

	상대방	여행자
6 전자제품	전자제품은 다른 바구니에 담아 주세요. 노트북을 가지고 있습니까? Put the electronics in another tray. Do you have a laptop?	네, 이미 여기 꺼내 놓았습니다. Yes, I took it out already here.
7 검색대	검색대를 통과하신 후 양팔을 벌리고 서 주세요. Walk through the secreening device and spread your arms.	네. 그럴게요. OK.
8 가방 검사	이 가방 안에는 뭐가 있나요? What's in this bag?	옷과 개인용품들입니다. My clothes and personal belongings.
9 금지 물품	이 라이터는 가져가실 수 없습니다. You can't bring this lighter with you.	죄송해요. 몰랐어요. Sorry, I didn't know.
10 검사 완료	다 됐습니다. 가셔도 됩니다. All done. Go ahead.	감사합니다. Thank you.

3. 핵심단어

전자제품 electronics	꺼내 놓다 take it out	지나가다 walk through
검색대 secreening device	펼치다 spread	개인용품 personal belongings
가져가다 bring	라이터 lighter	가세요 go ahead

06 출국심사

1. 핵심패턴 3 ··· 상대방

이런 표현을 듣게 돼요

1. ~으로 줄을 서세요.   Please stand in the line for ~ .
2. ~을 보여 주세요.   Please show me ~ .
3. ~의 목적은 무엇인가요?   What's the purpose of ~ ?

2. 단계별 핵심대화   상대방   여행자

#	상황	상대방	여행자
1	출국심사대 위치	출국심사대는 어디인가요? ❶ Where is the immigration counter?	저쪽으로 가세요. Go that way.
2	출국카드 위치	출국신고서는 어디에 있나요? Where's the departure card?	출국신고서는 작성하지 않으셔도 됩니다. You don't need to fill out the departure card.
3	대기선	외국인 쪽으로 줄을 서세요. ❶ Please stand in the line for foreigners.	미안합니다. 실수했군요. Sorry, I made a mistake.
4	여권·탑승권 확인	여권과 탑승권을 보여 주세요. ❷ Please show me your passport and the boarding pass.	여기 있어요. Here they are.
5	비자 확인	비자는 받으셨나요? Did you get a visa?	네. 1달 여행 비자를 받았습니다. Yes, ❷ I've got a travel visa good for a month.

3. 핵심단어

출(입)국 심사대 immigration counter	출국신고서 departure card	기입하다 fill out
줄을 서다 stand in the line	외국인 foreigner	실수하다 make a mistake
탑승권 boarding pass	비자를 발급받다 get a visa	여행 비자 travel visa

출국	기내	도착	교통	호텔	식사	관광
귀국	문제발생	편의시설	쇼핑	엔터테인먼트		

1. 핵심패턴 3 — 여행자

이렇게 말해보세요

❶ ~은 어디인가요?	Where is ~ ?
❷ ~을 받았습니다.	I've got ~ .
❸ ~할 계획입니다.	I plan to ~ .

2. 단계별 핵심대화 상대방 여행자

6 출국 목적	출국 목적은 무엇인가요? ❸ What's the purpose of your departure?	관광 갑니다. For pleasure.
7 출국 일정	여행 기간이 어떻게 되나요? What is your period of travel?	4박 5일간 뉴욕을 방문할 계획입니다. ❸ I plan to visit New York for 5 days and 4 nights.
8 동행인	여행에 동행인이 있으신가요? Are you travelling with someone?	네, 친구 1명과 동행 중입니다. Yes, I'm accompanying a friend.
9 여행 경비	현금은 얼마나 가지고 가시나요? How much cash are you carrying with you?	약 1,000불 정도 가지고 갑니다. I'm carrying about 1,000 dallars.
10 귀국 항공편	귀국 항공편은 있으신가요? Do you have a returning ticket?	네, 이것이 귀국 항공권입니다. Yes, this is the ticket for the journey back.

029

3. 핵심단어

목적 purpose	출국 departure	관광 pleasure
기간 period	~할 계획이다 plan to~	~와 함께 여행하다 travel with
동행하다 accompany	~을 가지고 가다 carry	귀국 항공편 returning ticket

07
면세점

1. 핵심패턴 3 … 상대방

이런 표현을 듣게 돼요

❶ ~에 따라 다릅니다. — That depends on ~ .
❷ 더 ~것이 있으신가요? — Is there anything more ~ ?
❸ ~을 어떻게 하시겠어요? — How would you like to ~ ?

2. 단계별 핵심대화 상대방 / 여행자

		상대방	여행자
1	면세점 위치	면세점은 어디에 있나요? Where's the duty-free shop?	20번 게이트와 21번 게이트 사이에 있습니다. It's in between No. 20 and 21 gate.
2	면세 할인율	면세할인율은 어떻게 되나요? What are the tax exemption rates?	품목에따라 10%부터 3%까지입니다. Depending on the item, it ranges from 10% to 3%.
3	면세 한도	1인당 면세한도는 얼마까지인가요? How much is the duty free amount allowed per person?	그것은 방문하는 국가에 따라 다릅니다. ❶ That depends on your visiting countries.
4	행사 제품	오늘의 특별 행사제품은 무엇인가요? ❶ What's the special promotional item for today?	전자제품입니다. 높은 할인율이 제공됩니다. Electronics. They offer high discount rates.
5	제품 구매	담배 2보루와 위스키 1병 주세요. ❷ Let me have 2 cartons of cigarettes and 1 bottle of whisky, please.	여기 있습니다. Here you go.

030

3. 핵심단어

면세점	~ 사이에	면세할인율
duty-free shop	between	tax examption rates
~에 따라	~ 정도의 범위를 가지다	면세한도
depending on	range	duty free amount
허용하다	특별 행사제품	(담배)보루
allow	special promotion item	carton

출국 〉 기내 〉 도착 〉 교통 〉 호텔 〉 식사 〉 관광 〉
귀국 〉 문제발생 〉 편의시설 〉 쇼핑 〉 엔터테인먼트

1. 핵심패턴 3 · 여행자

이렇게 말해보세요

1. 특별 ~은 무엇인가요? — What's the special ~ ?
2. ~을 주세요. — Let me have ~ .
3. ~을 사용할 수 있나요? — Can I use ~ ?

2. 단계별 핵심대화 상대방 여행자

#	상황	상대방	여행자
6	추가 구매	더 필요한 것이 있으신가요? ❷ Is there anything more you need?	네, 이 초콜릿 1상자 살게요. Yes, I will have this box of chocolates.
7	결제 방법	계산은 어떻게 하시겠어요? ❸ How would you like to pay?	신용카드로 계산할게요. Please charge it on my credit card.
8	여권 · 탑승권 확인	여권과 탑승권을 보여 주세요. May I have your passport and the boarding pass, please?	여기 있습니다. Here they are.
9	쿠폰 사용	이 할인쿠폰을 사용할 수 있나요? ❸ Can I use this discount coupon here?	네. 가격에 쿠폰을 적용해드릴게요. Yes, I'll apply the coupon on the price.
10	물건 수취	물건 여기 있습니다. 탑승 전에는 오픈하지 마세요. Here are your things. Please do not open them before you board the plane.	알겠습니다. 고맙습니다. I understand. Thank you!

3. 핵심단어

더 ~한 것 anything more	지불하다 pay	계산하다 charge
여권 passport	탑승권 boarding pass	할인쿠폰 discount coupon
적용하다 apply	오픈하지 마세요 do not open	탑승하다 board

08
탑승

1. 핵심패턴 3 ··· 상대방

이런 표현을 듣게 돼요

❶ ~부터 시작합니다.	It starts from ~ .
❷ 죄송합니다만, ~할 예정입니다.	Sorry, but it will be ~ .
❸ ~을 시작합니다.	We will begin ~ .

2. 단계별 핵심대화 상대방 여행자

1 게이트 번호	몇 번 게이트로 가야 하나요? ❶ Which gate should I go to?	20번 게이트로 가세요. Please proceed to Gate 20.
2 게이트 대기 시각	몇 시까지 게이트로 가야 하나요? ❷ What time should I be at the gate?	늦어도 탑승 20분 전까지는 게이트로 가십시오. Please be at the gate at least 20 minutes before boarding.
3 게이트 가는 길 (1)	20번 게이트로 가는 길 좀 가르쳐 주세요. Could you direct me to gate No.20?	저쪽으로 쭉 가다 보면 왼편이에요. On the left down that way.
4 게이트 가는 길 (2)	여기가 20번 게이트로 가는 길인가요? Is this the way to gate No.20?	네, 이 홀을 따라 쭉 따라가세요. Yes, go straight down this hall.
5 탑승 게이트 확인	뉴욕행 탑승 게이트가 여기인가요? ❸ Is this the gate for New York?	아니요, 바로 옆이에요. No, it's the next one.

3. 핵심단어

탑승구 gate	~로 가다 proceed to	적어도 at least
안내하다 direct	좌(우)측에 on the left(right)	탑승 전 before boarding
똑바로 가다 go straight down	복도 hall	바로 옆 next one

출국 > 기내 > 도착 > 교통 > 호텔 > 식사 > 관광
귀국 > 문제발생 > 편의시설 > 쇼핑 > 엔터테인먼트

1. 핵심패턴 3   여행자

이렇게 말해보세요

1. 몇 번 게이트로 ~하나요?   Which gate should I ~ ?
2. 몇 시까지 ~하나요?   What time should I ~ ?
3. ~게이트가 여기인가요?   Is this the gate for ~ ?

2. 단계별 핵심대화   상대방   여행자

6 탑승 개시 시각	탑승은 언제부터 시작하나요? When does the boarding start?	오전 10시 40분부터 탑승을 시작합니다. ❶ <u>It starts from</u> 10:40 AM.
7 출발 지연	왜 출발이 늦어지는 건가요? Why is departure delayed?	활주로에 안개가 끼어서 출발이 지연되고 있어요. Departure is being delayed due to the fog on the runway.
8 지연 예상 시간	탑승이 얼마나 지연될까요? How long will the boarding be delayed?	죄송합니다만, 약 1시간 지연될 예정입니다. ❷ <u>Sorry, but it will be</u> delayed for about one hour.
9 탑승 시작	언제 탑승을 시작하나요? When's the boarding start?	지금부터 탑승을 시작합니다. 줄을 서 주세요. ❸ <u>We will begin</u> boarding now, please join the line.
10 탑승권 확인	탑승권을 보여 주세요. Boarding pass, please.	여기 있습니다. Here you go.

3. 핵심단어

탑승 boarding	시작하다 start	출발 depature
지연되다 delay	안개 fog	~ 때문에 due to
활주로 runway	~을 맞추다 join	탑승권 boarding pass

033

❷ 기내

01 좌석 찾기	듣기	☐ ~을 보여 주시겠어요? ☐ ~을 확인해 볼게요. ☐ ~에 넣어 주세요.	May I see ~ ? Let me check ~ . Please keep ~ .
	말하기	☐ 실례합니다, ~ . ☐ ~해도 될까요? ☐ ~로 옮겨도 될까요?	Excuse me, ~ . Do you mind ~ ? Can I move to ~ ?
02 이륙 준비	듣기	☐ ~을 매어 주세요. ☐ ~을 접어 주세요. ☐ ~에 주목해 주세요.	Please fasten ~ . Please fold ~ . Please pay attention to ~ .
	말하기	☐ 네, ~할게요. ☐ 왜 ~하지 않나요? ☐ 언제 ~하나요?	OK, I'll ~ . Why isn't ~ ? When's ~ ?
03 음료 서비스	듣기	☐ ~ 하시겠습니까? ☐ ~로 하시겠어요? ☐ ~을 어떻게 드시겠어요?	Would you like ~ ? What would you like ~ ? How would you like ~ ?
	말하기	☐ ~은 언제 서비스하나요? ☐ 실례합니다만, ~ . ☐ ~을 가져다주실래요?	When will ~ be served? Excuse me, ~ . Could you please bring ~ ?
04 기내식	듣기	☐ ~를 내려 주십시오. ☐ ~로 하시겠습니까? ☐ ~를 다 하셨습니까?	Please pull down ~ . What would you like ~ ? Are you through with ~ ?
	말하기	☐ 언제 ~ 하나요? ☐ 나중에 ~해도 될까요? ☐ ~을 치워 주시겠습니까?	When will ~ ? Can I take ~ ? Could you clean ~ up?

여행 영어회화 필수 패턴 실력 테스트

사전체크로 나의 실력을 알아보세요.

05 기타 서비스	듣기	☐ ~에 접속하면 됩니다. ☐ ~을 가져다 드릴게요. ☐ ~ 하신가요?	You can connect to ~. I'll bring ~. Do you feel ~?
	말하기	☐ ~은 어떻게 조절하나요? ☐ ~ 좀 주세요? ☐ ~ 좀 주세요.	How do I adjust ~? Can I have ~? Please get me some ~.
06 기내 면세품	듣기	☐ ~를 구매하시겠습니까? ☐ 이 제품은 ~까지입니다. ☐ ~는 어떻게 하시겠습니까?	Would you like to buy ~? This product is limited to ~. How would you like to ~?
	말하기	☐ ~는 언제 시작하나요? ☐ ~ 좀 보여 주세요. ☐ 제일 인기 있는 ~는 어떤 건가요?	When do you start ~? Please show me ~. What's the most popular ~?
07 입국 카드 · 세관 신고서	듣기	☐ ~은 무엇인가요? ☐ ~를 작성해 주십시오. ☐ ~을 쓰시면 됩니다.	What is ~? Please fill out ~. You just wrote down ~.
	말하기	☐ 무엇을 ~ 하나요? ☐ ~을 1장 더 주시겠어요? ☐ ~를 신고해야 하나요?	What should I ~? May I have another ~? Should I declare ~?
08 착륙 직전	듣기	☐ ~의 영향을 받고 있습니다. ☐ 약 ~ 더 가시면 됩니다. ☐ ~ 정도입니다.	We are experiencing ~. About ~ more to go. It is around ~.
	말하기	☐ 더 ~하게 될까요? ☐ ~이 얼마나 남았나요? ☐ ~은 어떤가요?	Will it get more ~? What is the remaining ~? How is ~?

01
좌석 찾기

1. 핵심패턴 3 ··· 상대방   이런 표현을 듣게 돼요

❶ ~을 보여 주시겠어요?	May I see ~ ?
❷ ~을 확인해 볼게요.	Let me check ~ .
❸ ~에 넣어 주세요.	Please keep ~ .

2. 단계별 핵심대화   상대방 여행자

1 탑승 환영	뉴욕행 대한항공 085편 탑승을 환영합니다. Welcome aboard Korean Air flight 085 bound for New York!	안녕하세요. Good morning (afternoon/evening)!
2 탑승권 확인	탑승권을 보여 주시겠어요? ❶ May I see your boarding pass, please?	여기 있습니다. Here it is.
3 좌석 안내	손님 좌석은 27C입니다. 왼쪽 복도를 이용해 주십시오. Your seat is 27C. Please take the left aisle.	고마워요. Thank you.
4 좌석 찾기	(탑승권을 보이며) 27C 좌석은 어디입니까? (showing boarding ticket) Where is the seat 27C?	이 통로로 쭉 가세요. Walk down this aisle.
5 통로 이동	실례합니다. 지나가도 될까요? Excuse me, may I get through?	물론이죠. 지나가세요. Of course, go on.

3. 핵심단어

~로 향하는 bound for	안녕하세요 Good morning	좌석 seat
~을 이용하다 take	좌측 통로 left aisle	탑승권 boarding ticket
(걸어)가다 walk down	지나가다 get through	계속 가다 go on

출국 > 기내 > 도착 > 교통 > 호텔 > 식사 > 관광
귀국 > 문제발생 > 편의시설 > 쇼핑 > 엔터테인먼트

1. 핵심패턴 3 … 여행자

이렇게 말해보세요

① 실례합니다, ~ . Excuse me, ~ .
② ~해도 될까요? Do you mind ~ ?
③ ~로 옮겨도 될까요? Can I move to ~ ?

2. 단계별 핵심대화   상대방 / 여행자

6 좌석 확인	실례합니다. 여기가 27C 맞지요? 제 좌석 같은데요. ❶ Excuse me, is this seat 27C? I think this is my seat.	정말요? 제 탑승권을 확인해 볼게요. Really? ❷ Let me check my boarding pass.
7 좌석 교환	저 사람과 일행인데, 좌석을 좀 바꿔도 될까요? I'm with him. ❷ Do you mind switching the seat with me?	오 친구분과 동행이시군요. 제가 좌석을 바꿔드릴게요. Oh, you're travelling with a friend. I'll change the seat for you.
8 좌석 이동	저기 빈 좌석으로 옮겨도 될까요? ❸ Can I move to an empty seat over there?	안 됩니다. 다른 승객의 좌석입니다. No, it's for other passenger.
9 짐 올리기	가방은 선반 위나 좌석 밑에 넣어 주세요. ❸ Please keep the bag in the overhead bin or under the seat.	네. 책 1권만 빼고 바로 올릴게요. I'll just take out one book and put it up right away.
10 짐 넣을 공간	제 가방을 넣을 장소를 좀 봐 주시겠어요? Can you find a space for my bag?	제가 한번 찾아봐드릴게요. Okay, let me check it for you.

3. 핵심단어

좌석을 바꾸다 switch the seat	~와 동행하다 travel with	~을 바꾸다 change
~로 이동하다 move to	빈 좌석 empty seat	~을 넣다 keep
위쪽 선반 overhead bin	꺼내다 take out	장소 space

02
이륙 준비

1. 핵심패턴 3 ··· 상대방

이런 표현을 듣게 돼요

1. ~을 매어 주세요. Please fasten ~ .
2. ~을 접어 주세요. Please fold ~ .
3. ~에 주목해 주세요. Please pay attention to ~ .

2. 단계별 핵심대화   상대방 여행자

#	상황	상대방	여행자
1	좌석 벨트 착용	좌석 벨트를 매어 주세요. ❶ Please fasten your seat belts.	네. 바로 맬게요. ❶ OK, I'll, right away.
2	전자기기 끄기	이·착륙 시에는 모든 전자제품의 전원을 꺼 주십시오. Please switch off all electronic devices during take-off and landing.	이미 그렇게 했습니다. I did it already.
3	핸드폰 끄기	휴대폰을 꺼 주세요. Please turn off your cell phones.	네, 곧 끌게요. Sure, in a few seconds.
4	의자 세우기	좌석을 원위치로 세워 주세요. Please put your seat back to the upright position.	네. 그러죠 OK.
5	트레이 접기	트레이를 접어서 잠금 위치로 해 주세요. ❷ Please fold your trays back to the locked position.	네. 그럴게요. I will do so.

038

3. 핵심단어

좌석 벨트를 매다 fasten seat belt	끄다 switch off	전자제품 electronic device
이륙 take-off	착륙 landing	~을 끄다 turn off
원위치 upright posiition	트레이를 접다 fold tray	잠금 위치 locked position

출국 > **기내** > 도착 > 교통 > 호텔 > 식사 > 관광
귀국 > 문제발생 > 편의시설 > 쇼핑 > 엔터테인먼트

1. 핵심패턴 3 ··· 여행자

이렇게 말해보세요

① 네, ~할게요.   OK, I'll ~ .
② 왜 ~하지 않나요?   Why isn't ~ ?
③ 언제 ~하나요?   When's ~ ?

2. 단계별 핵심대화 상대방 여행자

6 블라인드 내리기	블라인드를 완전히 내려 주세요. Please pull down the shutters.	네. 그럴게요. Sure.
7 안전수칙 시연	다음에 나오는 안전수칙 시연에 주목해 주세요. ❸ Please pay attention to the following safety demonstration.	안전수칙 설명 카드가 있나요? Do you have a safety instruction card?
8 안전카드	좌석 앞에 비치되어 있는 안전카드를 참고해 주세요. Please refer to the safety instruction card in your seat pocket.	네. 읽어 볼게요. Yes. I'll read it.
9 출발지연	왜 비행기가 아직 출발하지 않나요? ❷ Why isn't the plane taking off?	안개 때문에 늦어지고 있어요. We're being delayed because of fog.
10 출발안내	언제 이륙하나요? ❸ When's the take-off?	관제탑의 이륙 명령을 기다리고 있습니다. We are waiting for clearance for take-off.

3. 핵심단어

(잡아) 내리다 pull down	다음의 following	안전수칙 safety demonstration
안전수칙 설명 카드 safety instruction card	참고하다 refer to	지연되다 delay
안개 fog	이륙하다 take off	(이륙) 허가 clearance

03
음료서비스

1. 핵심패턴 3 ... 상대방

이런 표현을 듣게 돼요

1. ~ 하시겠습니까? — Would you like ~ ?
2. ~로 하시겠어요? — What would you like ~ ?
3. ~을 어떻게 드시겠어요? — How would you like ~ ?

2. 단계별 핵심대화 상대방 여행자

1 땅콩 서비스	땅콩 좀 드시겠습니까? ❶ Would you like some peanuts?	네, 2봉지 주세요. Yes, let me have two bags.
2 음료 서비스	음료는 언제 서비스하나요? ❶ When will the refreshments be served?	곧 시작합니다. It will begin soon.
3 음료 권유	음료는 뭘로 하시겠어요? ❷ What would you like to drink?	어떤 음료가 있나요? What kind of drinks do you have?
4 음료 종류	청량음료, 오렌지주스, 맥주가 있어요. Soft drinks, orange juice, and beer.	오렌지주스로 주세요. I'll take orange juice, please.
5 음료 추가 요청	1잔 더 주시겠어요? Can I have another cup?	네, 여기 있습니다. Sure, here you are.

040

3. 핵심단어

땅콩 peanut	음료 refreshment	제공하다 serve
곧 시작하다 begin soon	마시다 drink	~로 하다 take
청량음료 soft drink	1잔 더 another cup	물론입니다 sure

출국 > 기내 > 도착 > 교통 > 호텔 > 식사 > 관광
귀국 > 문제발생 > 편의시설 > 쇼핑 > 엔터테인먼트

1. 핵심패턴 3 ··· 여행자

이렇게 말해보세요

① ~은 언제 서비스하나요? When will ~ be served?
② 실례합니다만, ~ . Excuse me, ~ .
③ ~을 가져다주실래요? Could you please bring ~ ?

2. 단계별 핵심대화 상대방 여행자

6 커피 주문	커피는 어떻게 드시겠어요? ❸ How would you like your coffee?	설탕만 넣어 주세요. Just sugar, please.
7 차 주문	차 드시겠습니까? Would you like some tea?	아니요. 괜찮아요. No, thank you.
8 컵 치우기	이것 좀 치워 주시겠어요? Could you take this away?	네. 바로 치워드리겠습니다. Sure, right away!
9 승무원 호출	실례합니다만, 좀 도와주시겠어요? ❷ Excuse me, could you help me here?	무엇을 도와드릴까요? What can I help you with?
10 물 1잔	물 1잔 가져다주실래요? ❸ Could you please bring me a glass of water?	곧 갖다 드릴게요. I'll bring you one in a minute.

3. 핵심단어

~만 just	설탕 sugar	차 tea
괜찮아요 No, thank you	~을 치우다 take away	즉시 right away
가져오다 bring	~ 1잔 a glass of~	곧 in a minute

04
기내식

1. 핵심패턴 3 ··· 상대방
이런 표현을 듣게 돼요

❶ ~를 내려 주십시오.	Please pull down ~ .
❷ ~로 하시겠습니까?	What would you like ~ ?
❸ ~를 다 하셨습니까?	Are you through with ~ ?

2. 단계별 핵심대화 상대방 / 여행자

1	기내식 서빙 시간	기내식 서빙은 언제 시작하나요? ❶ When will the meals be served?	10분 후에 시작합니다. It will start 10 minutes later.
2	기내식 알림	기내식 서빙을 시작하면 깨워 주세요. Could you wake me up for the meal time?	알겠습니다. 그렇게 하겠습니다. I see. I'll do so.
3	식사 시간 조정	식사를 나중에 해도 될까요? ❷ Can I take my dinner later?	네, 그러시죠. 나중에 가져다 드리겠습니다. Yes, I will bring the meal later on.
4	트레이 내리기	손님, 트레이를 내려 주십시오. ❶ Please pull down your tray table, Sir/Mam/Miss.	네, 그럴게요. Sure.
5	기내식 주문	소고기와 닭고기가 있는데 어느 것으로 하시겠습니까? ❷ What would you like beef or chicken?	소고기로 주세요. Beef, please.

042

3. 핵심단어

식사	제공하다	시작하다
meal	serve	start
~를 깨우다	식사 시간	~을 가져오다
wake-up	meal time	bring
나중에	~을 내리다	트레이 테이블
later on	pull down	tray table

| 출국 | **기내** | 도착 | 교통 | 호텔 | 식사 | 관광 |
| 귀국 | 문제발생 | 편의시설 | 쇼핑 | 엔터테인먼트 |

1. 핵심패턴 3 ··· 여행자   이렇게 말해보세요

❶ 언제 ~ 하나요?	When will ~ ?
❷ 나중에 ~해도 될까요?	Can I take ~ ?
❸ ~을 치워 주시겠습니까?	Could you clean ~ up?

2. 단계별 핵심대화   상대방 여행자

6 고추장 요청	고추장 있습니까? Do you have a Korean chili paste?	네, 여기 있습니다. Yes, Here you go.
7 음료 종류	음료는 무엇으로 하시겠어요? What would you like to drink?	뭐가 있나요? What do you have?
8 음료 주문	오렌지주스, 탄산음료 그리고 물이 있습니다. We have orange juice, soda and water.	오렌지주스로 주세요. Orange juice, please.
9 식사 마침	식사를 다 하셨습니까? ❸ Are you through with your meal?	네, 잘 먹었습니다. 고마워요. Yes. I enjoyed it. Thank you.
10 테이블 치우기	테이블을 치워 주시겠습니까? ❸ Could you clean this up?	네, 바로 치워드리겠습니다. 기다려 주세요. Sure, in a moment. Please wait.

3. 핵심단어

고추장 chili paste	마시다 drink	~이 있다 have
탄산음료 soda	물 water	~를 끝내다 be through with~
즐기다 enjoy	치우다 clean up	바로 in a moment

05 기타서비스

1. 핵심패턴 3 ··· 상대방

이런 표현을 듣게 돼요

❶ ~에 접속하면 됩니다.	You can connect to ~ .
❷ ~을 가져다 드릴게요.	I'll bring ~ .
❸ ~ 하신가요?	Do you feel ~ ?

2. 단계별 핵심대화   상대방   여행자

	여행자	상대방
1 화장실 사용	지금 화장실 가도 되나요? Can I go to the toilet now?	네. 지금은 화장실을 이용하셔도 됩니다. Yes, you can use the toilet now.
2 신문	신문 좀 주시겠어요? Could I have a newspaper, please?	네. 여기 있습니다. Yes. Here you are.
3 에어컨	에어컨은 어떻게 조절하나요? ❶ How do I adjust the airconditioner?	여기 이 버튼을 누르셔서 조절하시면 됩니다. You can adjust just by pushing this button here.
4 무선 인터넷	무선인터넷을 사용하고 싶어요. I'd like to use wireless internet.	기내 인터넷에 접속하면 됩니다. 와이파이 비밀번호는 1234입니다. ❶ You can connect to in-flight internet. The password is 1234.
5 기계 작동법	이거 작동법 좀 알려 주세요? Can you tell me how to operate these switches?	네. 제가 알려드릴게요. Sure, Let me show you.

3. 핵심단어

화장실 toilet	사용하다 use	신문 newspaper
조절하다 adjust	누르다 push	무선인터넷 wireless internet
~에 접속하다 connect to	기내 인터넷 in-flight internet	작동하다 operate

출국 > **기내** > 도착 > 교통 > 호텔 > 식사 > 관광
귀국 > 문제발생 > 편의시설 > 쇼핑 > 엔터테인먼트

1. 핵심패턴 3 ··· 여행자

이렇게 말해보세요

❶ ~은 어떻게 조절하나요?	How do I adjust ~ ?
❷ ~ 좀 주세요?	Can I have ~ ?
❸ ~ 좀 주세요.	Please get me some ~ .

2. 단계별 핵심대화 상대방 여행자

6 이어폰	이어폰을 좀 주세요. ❷ Can I have an earphone set?	좌석 주머니 안에 있습니다. It's in the seat pocket.
7 베개·담요	베개와 담요를 좀 주세요. Can I have a pillow and a blanket?	네. 바로 가져다 드릴게요. Sure, ❷ I'll bring them right away!
8 약	속이 안 좋은데 약 좀 주세요. I feel sick. ❸ Please get me some medicine.	비상약을 바로 가져다 드릴게요. I'll bring you some emergency medicine right away.
9 멀미봉투	멀미봉투 좀 주시겠어요? Can I have an airsickness bag?	불편하신가요? 좌석 주머니에 있습니다. ❸ Do you feel uncomfortable? It is in your seat pocket.
10 소음	저 사람들이 너무 시끄럽게 해서 잘 수가 없어요. I can't sleep because that group is so noisy.	목소리를 좀 낮추도록 요청할게요. I will ask them to tone down.

045

3. 핵심단어

이어폰 세트 earphone set	좌석 주머니 seat pocket	베개 pillow
담요 blanket	비상약 emergency medicine	멀미봉투 air sickness bag
불편한 uncomfortable	시끄러운 noisy	목소리를 낮추다 tone down

06
기내 면세품

1. 핵심패턴 3 ··· 상대방

이런 표현을 듣게 돼요

❶ ~를 구매하시겠습니까?   Would you like to buy ~ ?
❷ 이 제품은 ~까지입니다.   This product is limited to ~ .
❸ ~는 어떻게 하시겠습니까? How would you like to ~ ?

2. 단계별 핵심대화 상대방 / 여행자

1. 기내 판매 안내
면세품 판매는 언제 시작하나요?
❶ When do you start selling duty free goods?

지금부터 기내 면세품 판매를 시작하겠습니다.
We are starting in-flight duty free sales now.

2. 사전주문품
사전주문품이 있는데 그건 언제 주시나요?
I have my pre-ordered goods. When will you bring them to me?

좀 기다리시면 다른 직원이 갔다 드릴 거에요.
Other attendant will bring them to you if you wait a while.

3. 면세품 안내책자
면세품 안내책자를 하나 주시겠어요?
Can I get a duty free catalog?

앞 좌석 주머니에 비치되어 있습니다.
It's in the seat pocket in front of you.

4. 상품 주문서
면세품을 구매하실 분들은 상품주문서를 작성하여 주세요.
For those who would like to purchase duty-free products, please fill out the purchase form.

여기 있습니다.
Here it is.

5. 상품 판매
면세품을 구매하시겠습니까?
❶ Would you like to buy anything from Duty-free items?

향수 좀 보여 주세요.
❷ Please show me some perfumes.

3. 핵심단어

면세품	기내 면세품	사전에 주문한
duty free goods	in-flight duty free	pre-ordered
직원	잠시 기다리다	안내책자
attendant	wait a while	catalog
좌석 주머니	구매하다	작성하다
seat pocket	purchase	fill out

출국 > **기내** > 도착 > 교통 > 호텔 > 식사 > 관광
귀국 > 문제발생 > 편의시설 > 쇼핑 > 엔터테인먼트

1. 핵심패턴 3 ··· 여행자

이렇게 말해보세요

1. ~는 언제 시작하나요? When do you start ~ ?
2. ~ 좀 보여 주세요. Please show me ~ .
3. 제일 인기 있는 ~는 어떤 건가요? What's the most popular ~ ?

2. 단계별 핵심대화 상대방 여행자

6 인기 제품	요즘 제일 인기 있는 향수는 어떤 건가요? ❸ What's the most popular pefume nowadays?	크리스챤 디올 향수가 제일 인기가 좋아요. Christian Dior's perfume is most popular.
7 저렴한 제품	더 싼 것은 없나요? Don't you have anything cheaper?	네. 여기 중저가 브랜드 상품도 있습니다. Yes, we do have middle and low-priced goods also.
8 구매 수량	이 제품으로 3개 주세요. Please give me this product, three sets.	미안합니다. 이 제품은 1인당 2개까지입니다. ❷ This product is limited to 2 sets per customer, sorry.
9 할인율	얼마나 할인되나요? How much discount do you offer?	10% 정도 할인됩니다. About 10% off.
10 결제 방법	결제는 어떻게 하시겠습니까? ❸ How would you like to pay cash or card?	카드로 하겠습니다. I'll pay by card.

3. 핵심단어

제일 인기 있는 most popular	더 싼 것 anything cheaper	중저가 middle and low-priced
~로 한정된 limited to ~	고객 customer	할인 discount
~을 해 주다 offer	할인 off	카드로 결제하다 pay by card

07
입국카드 · 세관신고서

1. 핵심패턴 3 — 상대방
이런 표현을 듣게 돼요

❶ ~은 무엇인가요?	What is ~ ?
❷ ~를 작성해 주십시오.	Please fill out ~ .
❸ ~을 쓰시면 됩니다.	You just write down ~ .

2. 단계별 핵심대화 상대방 여행자

1 국적 확인	국적이 어디신가요? ❶ What is your nationality?	한국인입니다. I'm Korean.
2 입국 신고서 작성	입국신고서를 작성해 주십시오. ❷ Please fill out this entry card.	네, 그럴게요. Yes, of course.
3 펜 빌리기	펜 좀 빌려 줄 수 있나요? Can I borrow a pen?	여기 있습니다. Here is a pen for you.
4 입국 신고서 작성법	여기에 무엇을 써야 하나요? ❶ What should I write here?	여권번호를 쓰시면 됩니다. ❸ You just write down your passport number.
5 비행기 편	저희 비행기 편이 뭔가요? What's our flight number?	저희 비행기는 KE 085편입니다. Our flight is KE 085.

3. 핵심단어

국적 nationality	한국인 Korean	작성하다 fill out
입국신고서 entry card	빌리다 borrow	펜 pen
쓰다 write down	여권번호 passport number	비행기 편 flight number

출국	**기내**	도착	교통	호텔	식사	관광
귀국	문제발생	편의시설	쇼핑	엔터테인먼트		

1. 핵심패턴 3 여행자

이렇게 말해보세요

❶ 무엇을 ~ 하나요?	What should I ~ ?
❷ ~을 1장 더 주시겠어요?	May I have another ~ ?
❸ ~를 신고해야 하나요?	Should I declare ~ ?

2. 단계별 핵심대화 상대방 여행자

		상대방	여행자
6	1장 더	입국신고서 1장 더 주시겠어요? ❷ May I have another entry card?	네. 여기 있습니다. Sure, here you go.
7	세관 신고서 요청	세관신고서 좀 주세요. Can I have a customs declaration card?	여기 있습니다. Here you are.
8	세관 신고서 작성법	세관신고서는 모두 작성해야 하나요? Do we all need to fill out the customs declaration card?	가족당 1장의 세관신고서를 작성하시면 됩니다. One customer declaration card per family is enough.
9	세관 신고 대상	제 골프클럽 세트를 신고해야 하나요? 1,000달러짜리입니다. ❸ Should I declare my golf clubs? They are worth 1,000 dollars.	일단 신고하고 가격을 말하면 문제 없을 거예요. There won't be any problem if you declare it first with its price.
10	세관 신고 금액	신고해야 하는 현금의 최소 금액은 얼마인가요? What's the minimum amount of cash for the declaration?	미국 달러 10,000불 이상이면 신고해야만 합니다. You have to declare if you have more than 10,000 US dollars.

3. 핵심단어

또 하나 another	충분하다 enough	세관신고서 customs declaration card
~을 해야 한다 need to	가족당 per family	신고하다 declare
~의 가치가 있는 worth	최소 금액 minimum amount	~ 이상의 more than

08
착륙 직전

1. 핵심패턴 3 ··· 상대방

이런 표현을 듣게 돼요

① ~의 영향을 받고 있습니다.   We are experiencing ~ .
② 약 ~ 더 가시면 됩니다.   About ~ more to go.
③ ~ 정도입니다.   It is around ~ .

2. 단계별 핵심대화 상대방 여행자

	상대방	여행자
1 난기류	현재 약간의 난기류 영향을 받고 있습니다. ① We are experiencing a little turbulence now.	더 심각하게 될까요? ① Will it get more serious?
2 좌석벨트 착용	좌석벨트를 매 주세요. Please, fasten your seat belt.	네. 그러겠습니다. Yes, I will.
3 비행 고도	현재 비행 고도는 얼마인가요? What is the current cruising altitude now?	현재 비행 고도는 10,000피트입니다. Current cruising altitude is 10,000 feet.
4 도착 일정	비행시간이 얼마나 남았나요? ② What is the remaining flight time?	약 45분만 더 가시면 됩니다. ② About 45 minutes more to go.
5 현지 시간	지금 뉴욕 현지 시간은 몇 시입니까? What's the local time in New York now?	오후 7시입니다. It's 7 p.m.

3. 핵심단어

겪다	난기류	더 하게 되다
experience	turbulence	get more
심각한	좌석벨트를 매다	비행 고도
serious	fasten seat belt	cruising altitude
남은	비행시간	현지 시간
remaining	flight time	local time

출국	**기내**	도착	교통	호텔	식사	관광
귀국	문제발생	편의시설	쇼핑	엔터테인먼트		

1. 핵심패턴 3 ... 여행자

이렇게 말해보세요

① 더 ~하게 될까요? — Will it get more ~ ?
② ~이 얼마나 남았나요? — What is the remaining ~ ?
③ ~은 어떤가요? — How is ~ ?

2. 단계별 핵심대화 상대방 여행자

6 현지 온도	현지 기온은 어떻습니까? What is the local temperature?	섭씨 7도 정도입니다. ③ It is around 7 degrees celsius.
7 현지 날씨	현지 날씨는 어떤가요? ③ How is the local weather like?	맑은 날씨에 기온은 선선합니다. Sunny sky and cool temperature.
8 착륙 안내	곧 뉴욕 공항에 착륙할 예정입니다. 좌석벨트를 착용하여 주십시오. We are landing at the New York airport shortly. Please fasten your seat belts.	벌써 다 왔군요. We are here already!
9 의자 · 테이블 원위치	의자와 테이블을 원위치시켜 주세요. Please return your seat to the original position.	잠시만요. 바로 원위치할게요. Give me a second, I will do it right now.
10 작별 인사	즐거운 비행이 되셨길 바랍니다. I hope your flight was enjoyable.	즐거운 비행이었어요. 감사합니다. I enjoyed the flight, thank you.

3. 핵심단어

현지기온 local temperature	섭씨 degrees celsius	현지 날씨 local weather
맑은 날씨에 sunny sky	선선한 기온 cool temperature	착륙하다 land
곧 shortly	원위치 original position	즐거운 enjoyable

❸ 도착

01 환승	듣기	☐ ~해야 합니다. ☐ ~하셔야 합니다. ☐ ~로 가십시오.	You have to ~ . You need to ~ . Please proceed to ~ .
	말하기	☐ 어디서 ~ 할 수 있나요? ☐ ~을 해야 하나요? ☐ 몇 번 게이트로 ~하나요?	Where do I ~ ? Do I need to ~ ? Which gate should I ~ ?
02 연착 · 결항	듣기	☐ 예정보다 조금 늦어진 ~ . ☐ 유감스럽게도, ~ . ☐ ~을 마련해드립니다.	~ a little behind the schedule. Unfortunately, ~ . ~ will be arranged.
	말하기	☐ ~의 이유가 무엇인가요? ☐ ~탈 수 있을까요? ☐ ~이 얼마나 지연될까요?	What's the reason for ~ ? Can I catch ~ ? How long will ~ be delayed?
03 비행기를 놓쳤을 때	듣기	☐ ~을 하셔야 합니다. ☐ ~에 올려드릴게요. ☐ ~을 말씀해 주십시오.	You need to ~ . I'll put you on ~ . Please tell me ~ .
	말하기	☐ ~을 놓쳤어요. ☐ ~로 예약해 주세요. ☐ ~에 대해 감사합니다.	I missed ~ . Please book me on ~ . Thank you for ~ .
04 입국 심사	듣기	☐ ~의 목적은 무엇입니까? ☐ ~하신 적이 있으신가요? ☐ 얼마나 ~할 예정인가요?	What's the purpose of ~ ? Have you ever been ~ ? How long will you be ~ ?
	말하기	☐ ~에서 왔습니다. ☐ ~하러 왔습니다. ☐ ~에 묵을 계획입니다.	I'm from ~ . I'm here for ~ . I'll be staying at ~ .

여행 영어회화
필수 패턴 실력 테스트
사전체크로 나의 실력을 알아보세요.

05 수하물 찾기	듣기	☐ ~에 접수하셔야겠어요. ☐ ~가 있습니다. ☐ 어떤 종류의 가방을 ~ ?	You should file a report ~ . There's ~ . What kind of bag ~ ?
	말하기	☐ ~ 짐은 나왔습니까? ☐ ~을 어디에 알려야 하나요? ☐ ~로 연락해 주세요.	Have baggage been released from ~ ? Where should I report ~ ? Please call ~ .
06 세관 검사	듣기	☐ ~가 있습니까? ☐ ~에 무엇이 들어 있나요? ☐ ~은 얼마짜리인가요?	Do you have ~ ? What's in ~ ? What's the price of ~ ?
	말하기	☐ ~은 아무것도 없습니다. ☐ ~은 이것뿐입니다. ☐ ~에 대한 금액은 얼마입니까?	I don't have any ~ . This is the only item ~ . What's the amount of ~ ?
07 공항 도착	듣기	☐ ~ 싸인을 따라가세요. ☐ ~하는 게 가장 편리합니다. ☐ ~하셔야 합니다.	Please follow the sign ~ . The best way is ~ . You need to ~ .
	말하기	☐ 어느 쪽이 ~ 인가요? ☐ ~은 어디에 있나요? ☐ ~은 어디에서 타나요?	Which way is ~ ? Where is ~ ? Where can I take ~ ?
08 공항 안내소	듣기	☐ ~하시는 게 어떨까요? ☐ ~가 들어 있습니다. ☐ ~ 추천해 드릴게요.	Why don't you take ~ ? It's included in ~ . I'll recommend you ~ .
	말하기	☐ ~를 추천해 주시겠어요? ☐ ~를 주시겠어요? ☐ ~을 예약할 수 있나요?	Could you recommend ~ ? Please let me have ~ . Can I reserve ~ ?

01
환승

1. 핵심패턴 3 ... 상대방   이런 표현을 듣게 돼요

❶ ~해야 합니다.	You have to ~ .
❷ ~하셔야 합니다.	You need to ~ .
❸ ~로 가십시오.	Please proceed to ~ .

2. 단계별 핵심대화   상대방 여행자

1	환승 통로	실례합니다. 환승하려면 어디로 가야 하나요? Excuse me, ❶ where do I make my connection?	저쪽 환승 통로로 가셔야 합니다. ❶ You have to go through the transfer passageway over that side.
2	환승 카운터	환승 카운터는 어디입니까? Where is the transit counter?	저를 따라오세요. 제가 모셔다 드릴게요. Follow me. I will take you there.
3	환승편	갈아타실 비행기 편은 어떻게 되시나요? What is your connecting flight?	노스웨스트 409편입니다. Northwest Flight 409.
4	최종 목적지	손님의 최종 목적지는 어디입니까? What's your final destination?	뉴욕입니다. It's New York.
5	짐 환승	짐을 찾아야 하나요? ❷ Do I need to claim my baggages?	아니요, 짐은 최종 목적지에서 찾으시면 됩니다. No. You can pick up your baggages at your final destination.

3. 핵심단어

환승 connection	~로 가다 go through	통로 passageway
환승 카운터 transit counter	~을 따라가다 follow	환승편 connecting
최종 목적지 final destination	~을 찾다 claim	~을 찾다 pick up

| 출국 | 기내 | **도착** | 교통 | 호텔 | 식사 | 관광 |
| 귀국 | 문제발생 | 편의시설 | 쇼핑 | 엔터테인먼트 | | |

1. 핵심패턴 3 ··· 여행자
이렇게 말해보세요

① 어디서 ~ 할 수 있나요? — Where do I ~ ?
② ~을 해야 하나요? — Do I need to ~ ?
③ 몇 번 게이트로 ~하나요? — Which gate should I ~ ?

2. 단계별 핵심대화 상대방 여행자

6 환승 수속	환승 수속을 해야 하나요? Do I have to check in for the transfer?	네, 환승 수속을 하셔야 합니다. Yes, ❷ you need to take transfer check-in procedure.
7 게이트 확인	몇 번 게이트로 가야 하나요? ❸ Which gate should I go to?	6번 게이트로 가십시오. ❸ Please proceed to gate No.6.
8 환승 대기 시간	환승까지 시간은 얼마나 남아 있나요? How much time is left for the transfer?	약 2시간 남았습니다. About 2 hours.
9 환승 휴게실 위치	환승 휴게실은 어디에 있나요? Where's the transit lounge?	28번 게이트 옆에 있습니다. It's next to the gate 28.
10 환승 휴게실 시설	환승 휴게실에는 어떤 시설들이 있나요? What kind of facilities are there in the transit lounge?	샤워시설과 수면실이 있습니다. There are shower facility and sleeping rooms.

3. 핵심단어

수속하다 check in	환승 transfer	수속 procedure
~로 가다 proceed to	남기다 leave	환승 휴게실 transit lounge
~ 옆에 next to	샤워시설 shower facility	수면실 sleeping room

02
연착 · 결항

1. 핵심패턴 3 … 상대방
이런 표현을 듣게 돼요

- ❶ 예정보다 조금 늦어진 ~   ~ a little behind the schedule.
- ❷ 유감스럽게도, ~.   Unfortunately, ~.
- ❸ ~을 마련해 드립니다.   ~ will be arranged.

2. 단계별 핵심대화 상대방 / 여행자

#	주제	여행자	상대방
1	출발 일정	예정대로 출발하나요? Will the plane leave on time?	예정보다 조금 늦어진 11시에 출발 예정입니다. The plane will take-off at 11 o'clock. ❶ <u>a little behind the schedule</u>.
2	연착 상태	왜 탑승을 시작하지 않나요? Why hasn't the boarding started yet?	죄송합니다. 지금 비행기가 연착되고 있습니다. We are sorry, but the plane has been delayed.
3	연착 이유	연착 이유가 무엇인가요? ❶ What's the reason for the delay?	기상 악화 때문입니다. Because of bad weather.
4	연결편 탑승 가능 여부	제 연결 항공편을 탈 수 있을까요? ❷ Can I catch a connecting flight?	아니요. 대체편을 알아보셔야 할 것 같습니다. No. Look for alternatives.
5	출발 지연	출발이 얼마나 지연될까요? ❸ How long will the departure be delayed?	안내 방송을 기다려 봐야 합니다. You have to wait for the announcement.

3. 핵심단어

출발하다 leave	예정대로 on time	예정보다 늦어진 behind the schedule
아직 yet	이유 reason	~을 잡다, 타다 catch
연결 항공편 connecting flight	대체 편 alternative	안내 방송 announcement

출국 〉 기내 〉 **도착** 〉 교통 〉 호텔 〉 식사 〉 관광
귀국 〉 문제발생 〉 편의시설 〉 쇼핑 〉 엔터테인먼트

1. 핵심패턴 3 — 여행자

이렇게 말해보세요

1. ~의 이유가 무엇인가요? What's the reason for ~ ?
2. ~ 탈 수 있을까요? Can I catch ~ ?
3. ~이 얼마나 지연될까요? How long will ~ be delayed?

2. 단계별 핵심대화 상대방 / 여행자

#		상대방	여행자
6	출발 지연 이유	지연 이유는 무엇인가요? What's the reason for the delay?	날씨가 안 좋아 출발이 지연되고 있습니다. Departure is being delayed because of bad weather.
7	결항 안내	환승편은 언제 출발 예정인가요? When is the connecting flight schedule to depart?	유감스럽게도 결항되었습니다. ❷ Unfortunately, it has been cancelled.
8	결항 이유	결항 이유는 무엇인가요? What's the reason for the cancellation?	기계적 문제입니다. It's a mechanical problems.
9	결항 보상	결항에 대한 보상을 해 주나요? Will you be offering compensations?	네, 오늘밤 무료 숙박권과 내일 항공편을 마련해드립니다. Yes, tonight's free hotel voucher and tomorrow's flight ❸ will be arranged.
10	대체편	그럼 내일 가능한 가장 빠른편으로 준비해 주세요. Please arrange the earliest flight for tomorrow, then.	네. 그렇게 해드릴게요. Of course, we will.

3. 핵심단어

이유	유감스럽게도	결항
reason	unfortunately	cancellation
기계적인	~을 해 주다	보상
mechanical	offer	compensation
숙박권	준비하다	가장 빠른
voucher	arrange	earliest

03
비행기를 놓쳤을 때

1. 핵심패턴 3 … 상대방

이런 표현을 듣게 돼요

① ~을 하셔야 합니다. — You need to ~ .
② ~에 올려드릴게요. — I'll put you on ~ .
③ ~을 말씀해 주십시오. — Please tell me ~ .

2. 단계별 핵심대화 상대방 여행자

1 도움 요청	비행기를 놓쳤어요. 어떻게 해야 하나요? ❶ I missed my flight. What should I do?	그럼 항공사 안내데스크로 가서서 다른 항공편이 있는지 알아보세요. Then, ❶ you need to go to the airline help desk and see if there are any other flights.
2 안내 데스크	안내데스크는 어디에 있나요? Where is the airline help desk?	아래층에 있습니다. It is at downstair.
3 다음 항공편	비행기를 놓쳤어요. 다음 항공편에 좌석이 있을까요? I missed my flight. will there be any available seat on the next flight?	이미 예약이 다 찼습니다. 대기자 명단에 올려드릴게요. It's fully booked. ❷ I'll put you on the waiting list.
4 다음 항공편 시간	다음 비행기는 언제 있나요? When is the next available flight?	1시간 뒤에 있습니다. An hour later.
5 다른 항공사	다른 항공사 비행기를 탈 수 있을까요? Can I fly on another airline?	네. 가능합니다. Yes, it's possible.

3. 핵심단어

놓치다 miss	~해야 한다 need to	안내데스크 help desk
아래층 downstair	이용 가능한 available	완전히 fully
대기자 명단 waiting list	다음 비행기 next available flight	항공사 airline

| 출국 | 기내 | **도착** | 교통 | 호텔 | 식사 | 관광 |
| 귀국 | 문제발생 | 편의시설 | 쇼핑 | 엔터테인먼트 | | |

1. 핵심패턴 3 ··· 여행자

이렇게 말해보세요

① ~을 놓쳤어요. — I missed ~ .
② ~로 예약해 주세요. — Please book me on ~ .
③ ~에 대해 감사합니다. — Thank you for ~ .

2. 단계별 핵심대화 상대방 여행자

6 새 항공편	새로운 항공편 스케줄을 잡아 주세요. Please make out a new flight plan.	원하시는 항공사와 출발 시간을 말씀해 주십시오. ❸ Please tell me the airline and departure time you'd prefer.
7 빠른 항공편	최대한 빠른 항공편으로 알아봐 주세요. Please find the earliest flight available.	가능한지 알아보겠습니다. I'll check the availability.
8 가능한 항공편	다음 가능한 항공편은 저녁 7시에 있습니다. Next available flight is at 7 p.m.	네. 그걸로 예약해 주세요. OK, ❷ please book me on that one.
9 추가 비용	다음 항공편에 비즈니스석이 남아 있는데, 추가 비용을 내셔야 해요. There is a business class seat left on the next plane but you will have to pay an extra fee.	그래요. 문제없습니다. Sure, no problem!
10 새 탑승권 발부	여기 여권과 새 탑승권입니다. Here's your passport and new boarding pass.	도와주셔서 감사합니다. ❸ Thank you for your assistance.

3. 핵심단어

항공편 스케줄 flight plan	~을 원하다 prefer	최대한 빠른 earliest
가능성 availability	가능한 항공편 available flight	예약하다 book
비행기 plane	추가 비용 extra fee	도움 assistance

04
입국심사

1. 핵심패턴 3 ··· 상대방

이런 표현을 듣게 돼요

1. ~의 목적은 무엇입니까?   What's the purpose of ~ ?
2. ~하신 적이 있으신가요?   Have you ever been ~ ?
3. 얼마나 ~할 예정인가요?   How long will you be ~ ?

2. 단계별 핵심대화 상대방 여행자

#	주제	상대방	여행자
1	여권·입국신고서	여권과 입국신고서를 보여 주시겠어요? May I see your passport and entry card?	네, 여기 있습니다. Sure, Here they are.
2	비자	비자가 있습니까? Do you have a visa?	ESTA 승인을 받았습니다. No, but I've been approved through ESTA.
3	국적	국적이 어디입니까? What's your nationality?	한국입니다. I'm Korean.
4	출국 국가	어디서 오셨습니까? Where are you from?	한국에서 왔습니다. ❶ I'm from Korea.
5	입국 목적	입국 목적은 무엇입니까? ❶ What's the purpose of your visit?	관광(비즈니스/공부/휴가)으로 왔습니다. ❷ I'm here for pleasur (business/study/vacation).

3. 핵심단어

입국신고서 entry card	국적 nationality	한국인 Korean
목적 purpose	방문 visit	관광 pleasur
비즈니스 business	공부 study	휴가 vacation

1. 핵심패턴 3 ··· 여행자

이렇게 말해보세요

① ~에서 왔습니다. — I'm from ~ .
② ~하러 왔습니다. — I'm here for ~ .
③ ~에 묵을 계획입니다. — I'll be staying at ~ .

2. 단계별 핵심대화 상대방 여행자

	상대방	여행자
6 직업	직업은 무엇입니까? What is your occupation?	회사원입니다. I'm a corporate employee.
7 방문 횟수	여기에 방문하신 적이 있으신가요? ❷ Have you ever been here before?	네, 전에 2번 왔습니다. Yes, twice before.
8 동행인	함께 온 동행인이 있습니까? Is anyone with you?	네, 저를 포함해서 2명입니다. Yes, we are a company of two, including myself.
9 체류 일정	여기에 얼마나 머무실 예정인가요? ❸ How long will you be staying here?	2주 정도 머물 계획입니다. I plan to stay for about two weeks.
10 체류 장소	어디에 묵을 계획이신가요? Where will you be staying?	저는 플라자 호텔에 묵을 계획입니다. ❸ I'll be staying at the Plaza Hotel.

3. 핵심단어

직업 occupation	회사원 corporate employee	~에 방문한 적이 있다 have ever been
2번 twice	누군가 anyone	일행 company
~을 포함해서 including	~할 계획이다 plan to	~에 묵다 stay at

05
수하물 찾기

1. 핵심패턴 3 — 상대방

이런 표현을 듣게 돼요

1. ~에 접수하셔야겠어요. — You should file a report ~ .
2. ~가 있습니다. — There's ~ .
3. 어떤 종류의 가방을 ~ ? — What kind of bag ~ ?

2. 단계별 핵심대화 상대방 / 여행자

	상대방	여행자
1. 수하물 찾는 곳	실례지만, 수하물 찾는 곳이 어디인가요? Excuse me, Where is the baggage claim area?	에스칼레이터를 타고 1층으로 내려가십시오. Go down to the first floor by escalator.
2. 수하물 창구	여기가 KE085편 수하물이 나오는 곳인가요? Is this the baggage claim for KE085?	네 그렇습니다. 여기서 기다리시면 됩니다. Yes, it is. Wait here.
3. 수하물 이송	KE085편 짐은 나왔습니까? ❶ Have baggage been released from flight KE085?	나오고 있는 중입니다. It's on the way.
4. 카트	카트는 어디 있나요? Where're the carts?	저쪽 모퉁이에 있습니다. They are on that corner.
5. 수하물 분실	계속 기다렸는데 제 짐이 나오지 않았어요. My baggage did not come out even I kept on waiting.	수하물 분실신고 센터에 접수하셔야겠어요. ❶ You should file a report at the Lost-and-Found Center.

3. 핵심단어

수하물 찾는 곳 baggage claim area	1층 first floor	~을 내보내다 release
~하고 있는 중이다 on the way	카트 cart	모퉁이 corner
~이 나오다 come out	보고서를 작성하다 file a report	수하물 분실신고센터 Lost-and-Found Center

출국　　기내　　**도착**　　교통　　호텔　　식사　　관광
귀국　　문제발생　　편의시설　　쇼핑　　엔터테인먼트

1. 핵심패턴 3 여행자   이렇게 말해보세요

① ~ 짐은 나왔습니까?	Have baggage been released from ~?
② ~을 어디에 알려야 하나요?	Where should I report ~ ?
③ ~로 연락해 주세요.	Please call ~ .

2. 단계별 핵심대화 상대방 여행자

6 수하물 분실 신고	수하물 분실신고를 하려면 어디에 알려야 하나요? ❷ Where should I report for my missing baggage?	세관 바로 옆에 수하물 분실물 센터가 있습니다. ❷ There's a Lost-and-Found Center right next to the customs.
7 탑승 항공편	어느 비행기로 오셨습니까? On what flight did you arrive?	KE085편으로 왔습니다. On KE085.
8 수하물 모양	어떤 종류의 가방을 잃어버렸나요? ❸ What kind of bag did you lose?	제 가방은 남색 만다리나 덕 여행 가방이에요. It's dark blue Mandarina Duck brand bag.
9 수하물 보관증	수하물 보관증을 보여 주시겠어요? May I see your baggage claim tag?	여기 수하물 보관증이 있습니다. Here is my claim tag.
10 연락 요망	이 양식을 작성해 주세요. 수하물을 찾는 대로 연락 드리겠습니다. Fill out this form. We will contact you as soon as we find your baggage.	짐을 찾으시면 이 번호로 연락해 주세요. ❸ Please call this number if you find my baggage.

3. 핵심단어

잃어버린 missing	세관 customs	도착하다 arrive
종류의 kind of	잃어버리다 lose	남색 dark blue
수하물 보관증 baggage claim tag	연락하다 contact	~하는 대로 as soon as

06
세관검사

1. 핵심패턴 3 ··· 상대방

이런 표현을 듣게 돼요

1. ~가 있습니까? — Do you have ~ ?
2. ~에 무엇이 들어 있나요? — What's in ~ ?
3. ~은 얼마짜리인가요? — What's the price of ~ ?

2. 단계별 핵심대화 상대방 / 여행자

		상대방	여행자
1	세관신고서 제출	세관신고서를 제출해 주세요. Customs declaration card, please.	네, 여기 있습니다. Yes, here it is.
2	신고물품 (1)	신고할 것이 있습니까? ❶ Do you have anythings to declare?	네, 위스키 1병이 있습니다. Yes, I have a bottle of whiskey.
3	신고물품 (2)	이게 전부입니까? Is this all?	신고할 것은 그게 전부입니다. That's all I'm declaring.
4	과일·채소	과일이나 채소가 있습니까? Do you have any fruits or vegetables?	아니요, 신선제품은 아무것도 없습니다. No, ❶ I don't have any fresh products.
5	내용물	가방에 무엇이 들어 있나요? ❷ What's in your bag?	제 개인 소지품들입니다. My personal belongings.

3. 핵심단어

세관신고서 Customs declaration card	어떤 것 anything	병 bottle
전부 all	과일 fruit	채소 vegetable
신선제품 fresh product	가방 bag	개인 소지품 personal belonging

| 출국 | 기내 | **도착** | 교통 | 호텔 | 식사 | 관광 |
| 귀국 | 문제발생 | 편의시설 | 쇼핑 | 엔터테인먼트 |

1. 핵심패턴 3 — 여행자

이렇게 말해보세요

1. ~은 아무것도 없습니다. — I don't have any ~ .
2. ~은 이것뿐입니다. — This is the only item ~ .
3. ~에 대한 금액은 얼마입니까? — What's the amount of ~ ?

2. 단계별 핵심대화 상대방 여행자

6 자진신고	과세물품의 자진신고를 부탁드립니다. Please declare items voluntarily.	신고할 물품은 이것뿐입니다. ❷ This is the only item to report.
7 과세금액	이것에 대한 과세 금액은 얼마입니까? ❸ What's the amount of tax for this?	이건 얼마짜리인가요? ❸ What's the price of this?
8 구매가격	약 1,000달러짜리입니다. 1,000 dollars.	그럼 세금은 50불입니다. Then, the duty is 50 dollars.
9 영수증	영수증 있으신가요? Do you have a receipt?	네. 여기 있습니다. Yes, here it is.
10 검사완료	다 끝났습니다. 녹색 선을 따라서 나가십시오. You are finished here. Please follow the green line for exit.	네. 감사합니다. OK, thank you.

3. 핵심단어

신고하다 declare	물품 item	자진으로 voluntarily
금액 amount	세금 duty	영수증 receipt
끝나다 finish	녹색 선 green line	출구 exit

07
공항 도착

1. 핵심패턴 3 … 상대방
이런 표현을 듣게 돼요

❶ ~ 싸인을 따라가세요. — Please follow the sign ~ .
❷ ~하는 게 가장 편리합니다. — The best way is ~ .
❸ ~하셔야 합니다. — You need to ~ .

2. 단계별 핵심대화 상대방 / 여행자

		상대방	여행자
1	출구 위치	제일 가까운 출구는 어느 쪽인가요? ❶ Which way is the nearest exit?	직진해서 중앙 출구에서 나가면 됩니다. Go straight and exit from the central exit
2	공항 안내소 위치	공항안내소는 어디에 있나요? Where is the information desk?	10번 출구 바로 옆에 있습니다. It's just in front of the exit gate No.10.
3	화장실 위치	공중화장실은 어디에 있나요? ❷ Where is the public toilet?	벽에 걸린 싸인을 따라가세요. ❶ Please follow the sign hanging on the walls.
4	핸드폰 임대	핸드폰은 어디서 빌릴 수 있나요? Where can I rent a mobile phone?	출구 옆에 핸드폰 렌탈 회사 창구가 있습니다. There's a mobile phone rental company's counter next to the exit.
5	시내 가는 법	시내지역은 어떻게 가야 하나요? How can I get to downtown area?	공항버스를 타는 게 가장 편리합니다. ❷ The best way is to take an airport bus.

3. 핵심단어

제일 가까운 nearest	출구 exit	공항안내소 information desk
공중화장실 public toilet	~에 걸려 있다 hang on	핸드폰 mobile phone
회사 창구 company's counter	시내 downtown	공항버스 airport bus

| 출국 | 기내 | **도착** | 교통 | 호텔 | 식사 | 관광 |
| 귀국 | 문제발생 | 편의시설 | 쇼핑 | 엔터테인먼트 | | |

1. 핵심패턴 3 · 여행자

이렇게 말해보세요

1. 어느 쪽이 ~ 인가요? — Which way is ~ ?
2. ~은 어디에 있나요? — Where is ~ ?
3. ~은 어디에서 타요? — Where can I take ~ ?

2. 단계별 핵심대화   상대방   여행자

	상대방	여행자
6 공항버스 위치	어디에서 공항버스를 타나요? ❸ Where can I take an airport bus?	9번 출구앞에 공항버스 정류장이 있습니다. There's an airport bus station in front of No. 9 exit.
7 셔틀버스 위치	호텔로 가는 셔틀버스가 있나요? Is there a shuttle bus going to the hotels?	10번 출구로 가시면 셔틀버스 정류장이 있습니다. There's a shuttle bus station if you go to No.10 exit.
8 지하철역 위치	지하철은 어디서 타요? Where can I take the subway?	국내선동으로 가셔야 합니다. ❸ You need to move to the domestic wing.
9 택시 승강장 위치	시내로 들어가는 택시는 어디서 타나요? Where can I catch a taxi that goes to downtown?	택시 승강장은 11번 출구 앞에 있습니다. The taxi stand is in front of No.11 exit.
10 렌터카 대여소 위치	렌터카는 어디서 빌리나요? Where can I rent a car?	공항안내소 바로 옆에 렌터카 사무실이 있습니다. There's a rent-a-car office right next to the airport information.

3. 핵심단어

~ 앞에 in front of	셔틀버스 shuttle bus	정류장 station
지하철 subway	국내선동 domestic wing	택시를 타다 catch a taxi
택시 승강장 taxi stand	~을 빌리다 rent	렌터카 사무실 rent-a-car office

08
공항안내소

1. 핵심패턴 3 ··· 상대방   이런 표현을 듣게 돼요

❶ ~하시는 게 어떨까요?	Why don't you take ~ ?
❷ ~가 들어 있습니다.	It's included in ~.
❸ ~ 추천해 드릴게요.	I'll recommend you ~.

2. 단계별 핵심대화 상대방 여행자

1 여행 안내소 위치	여행안내소가 어디에 있나요? Where is the tourist information center?	도착 로비 중앙에 있습니다. It's at the center of the arrival lobby.
2 관광 안내 팸플릿	관광 안내 브로셔 하나 주세요. Give me a tourist brochure, please.	여기 있습니다. 가져가십시오. Here you are. Please take this with you.
3 관광지 추천	볼 만한 관광지를 추천해 주시겠어요? ❶ Could you recommend me some nice tour sites?	우선 시내 관광을 하시는 게 어떨까요? ❶ Why don't you take a city tour first?
4 시내 지도	시내 지도 좀 얻을 수 있을까요? Can I get a city map?	여기 있습니다. 무료입니다. Here you are. It's free.
5 버스 노선도	버스 노선도를 주시겠어요? ❷ Please let me have a bus route map.	여기 있습니다. Here you are.

3. 핵심단어

여행자 tourist	여행안내소 information center	도착 로비 arrival lobby
브로셔 brochure	추천하다 recommend	시내 관광 city tour
시내 지도 city map	무료의 free	버스 노선도 bus route map

출국 > 기내 > **도착** > 교통 > 호텔 > 식사 > 관광
귀국 > 문제발생 > 편의시설 > 쇼핑 > 엔터테인먼트

1. 핵심패턴 3 … 여행자
이렇게 말해보세요

① ~를 추천해 주시겠어요?	Could you recommend ~ ?
② ~를 주시겠어요?	Please let me have ~ .
③ ~을 예약할 수 있나요?	Can I reserve ~ ?

2. 단계별 핵심대화 상대방 여행자

6 지하철 노선도	지하철 노선도를 얻을 수 있을까요? May I have a subway map?	시내 지도에 지하철 노선도가 들어 있습니다. ② It's included in the city map.
7 호텔 예약	여기서 호텔을 예약할 수 있나요? ③ Can I reserve a hotel room here?	네, 어떤 곳을 생각하고 계신가요? Yes, where do you have in mind?
8 호텔 리스트	호텔 리스트가 있나요? Is there a list of hotels?	주요 호텔만 실려 있습니다. Only the major hotels are listed.
9 호텔 추천	값싸고 깨끗한 호텔을 추천해 주시겠어요? Can you recommend a cheap and clean hotel?	3성급으로 몇 곳 추천해 드릴게요. ③ I'll recommend you a few three-star hotels.
10 셔틀 버스	무료 셔틀 버스가 운행되는 호텔이 있나요? Are there any hotels that operate free shuttle buses?	유명 호텔들은 모두 무료 셔틀 버스를 운행하고 있습니다. All the major hotels are operating free shuttle buses.

3. 핵심단어

지하철 노선도 subway map	~이 들어 있다 include in	~을 예약하다 reserve
생각하고 있는 have in mind	호텔 리스트 a list of hotels	주요한 major
값싼 cheap	깨끗한 clean	운행하다 operate

❹ 교통

01 **길 묻기**	듣기	☐ ~ 근처입니다. ☐ ~하는 게 제일 좋아요. ☐ ~정도 걸릴 거예요.	You are near ~ . It's best to ~ . It will take about ~ .
	말하기	☐ ~에 어떻게 가나요? ☐ ~하는 가장 좋은 방법은 무엇인가요? ☐ ~을 알려 주실래요?	How can I get to ~ ? What's the best way to ~ ? Could you show me ~ ?
02 **버스**	듣기	☐ 대략 ~ 합니다. ☐ ~해야 합니다. ☐ ~하면 알려 줄게요.	It's about ~ . You need to ~ . I'll let you know when ~ .
	말하기	☐ 이 버스는 ~로 가나요? ☐ ~가는 요금은 얼마인가요? ☐ ~데 얼마나 걸리나요?	Does this bus go to ~ ? How much is the fare for ~ ? How long does it take to ~?
03 **택시**	듣기	☐ ~ 바로 옆에 있어요. ☐ 어디로 모실까요? ☐ 최대한 빨리 ~ .	It's right next to ~ . Where to ~ . ~ as fast as I can.
	말하기	☐ ~을 열어 주시겠어요? ☐ 대략 ~이 얼마나 나올까요? ☐ ~ 시간이 얼마나 걸리나요?	Could you open ~ ? Approximately how much will it cost ~ ? How long does it take to ~ ?
04 **지하철**	듣기	☐ ~을 타야 합니다. ☐ ~에서 타셔야 돼요. ☐ 다음 역은 ~입니다.	You should take ~ . You have to get on from ~ . The next station is ~ .
	말하기	☐ 가장 가까운 ~은 어디인가요? ☐ 어느 역에서 ~해야 하나요? ☐ ~에 가려면 몇 번 출구로 나가야 하나요?	Where is the nearest ~ ? What station should I ~ ? Which exit will lead me to ~ ?

여행 영어회화
필수 패턴 실력 테스트
사전체크로 나의 실력을 알아보세요.

05 **기차**	듣기	☐ 어떤 좌석으로 ~ ? ☐ ~에서 출발합니다. ☐ ~할 예정입니다.	What type of seat would you ~ ? The train leaves from ~ . It's suppose to ~ .
	말하기	☐ ~어디에서 확인할 수 있나요? ☐ ~이 좋겠네요. ☐ ~에 몇 시에 도착하나요?	Where can I check ~ ? I prefer ~ ? What time does the train arrive in ~ ?
06 **렌터카**	듣기	☐ ~의 리스트가 있습니다. ☐ 어떤 종류의 ~ ? ☐ ~은 어떻게 하시겠어요?	Here's the list of ~ . What kind of ~ ? How would you like to ~ ?
	말하기	☐ ~은 하루에 얼마인가요? ☐ ~로 하겠습니다. ☐ 문제가 생기면, ~ .	How much is it per day for ~ ? I'd like ~ . In case of trouble, ~ .
07 **선박**	듣기	☐ 어떤 종류의 ~ ? ☐ 승선은 ~에 시작합니다. ☐ ~에 있습니다.	What type of ~ ? Boarding will start at ~ . It's on ~ .
	말하기	☐ ~는 얼마인가요? ☐ 어디에서 ~하나요? ☐ 몇 시부터 ~하나요?	What's the rate for ~ ? Where do I ~ ? What time does ~ ?
08 **자전거**	듣기	☐ 어떤 종류를 ~ ? ☐ ~까지 반납하시면 됩니다. ☐ ~ 기다려 주세요.	What kind ~ ? You just need to return it by ~ . Please wait ~ .
	말하기	☐ ~은 시간당 얼마인가요? ☐ ~를 언제까지 반납해야 되나요? ☐ ~를 반납하려고 합니다.	What's the hourly rate for ~ ? Until when should I return ~ ? I'd like to return ~ .

01
길묻기

1. 핵심패턴 3 ··· 상대방

이런 표현을 듣게 돼요

❶ ~ 근처입니다.	You are near ~ .
❷ ~하는 게 제일 좋아요.	It's best to ~ .
❸ ~정도 걸릴 거예요.	It will take about ~ .

2. 단계별 핵심대화   상대방   여행자

1 현재 위치	실례합니다. 여기가 어딘가요? Excuse me. Where am I?	시청 근처입니다. ❶ You are near the City Hall.
2 지도상 표시	이 지도에서 지금 위치는 어디인가요? Where am I now on this map?	현재 위치는 여기입니다. Your current location is here.
3 목적지 가는 방법	엠파이어 스테이트 빌딩은 어떻게 가나요? ❶ How can I get to the Empire State Building?	이쪽 방향으로 가야 합니다. You should go this direction.
4 가장 좋은 방법	엠파이어 스테이트로 가는 가장 좋은 방법은 무엇인가요? ❷ What's the best way to go to the Empire State Building?	가까우니 걸어서 가는 게 제일 좋아요. ❷ It's best to go on foot.
5 거리	여기서 먼가요? Is it far from here?	여기서 2마일 정도 떨어져 있습니다. A couple of miles from here.

072

3. 핵심단어

실례합니다	시청	~에 있다
excuse me	city hall	be on
현재	위치	방향
current	location	direction
걸어서	~로부터 먼	두서너 개의
on foot	far from	a couple of

출국 > 기내 > 도착 > **교통** > 호텔 > 식사 > 관광
귀국 > 문제발생 > 편의시설 > 쇼핑 > 엔터테인먼트

1. 핵심패턴 3 ··· 여행자

이렇게 말해보세요

① ~에 어떻게 가나요?   How can I get to ~ ?
② ~하는 가장 좋은 방법은 무엇인가요?   What's the best way to ~ ?
③ ~을 알려 주실래요?   Could you show me ~ ?

2. 단계별 핵심대화 상대방 여행자

6 소요시간	걸어서는 얼마나 걸리나요? How long does it take on foot?	약 20분 정도 걸릴 거예요. ③ It will take about 20 minutes.
7 약도	약도를 좀 알려 주실래요? ③ Could you show me a map?	물론이죠. 이렇게 가시면 됩니다. Of course, you can go like this.
8 길 잃음	저 좀 도와주시겠어요? 길을 잃었어요. Can you help me? I'm lost.	어디로 가려던 중인가요? Where were you going?
9 방향	엠파이어 스테이트 빌딩 가려면 어느 쪽으로 가야 하나요? Which way should I go to get to the Empire State Building?	직진하다가 첫 번째 신호등 다음에서 좌회전하세요. Go straight and turn left after the first traffic light.
10 길 확인	이 길이 엠파이어 스테이트로 가는 길인가요? Does this street go to the Empire State Building?	네, 맞아요. 곧바로 5분만 가시면 돼요. Yes, it does. It takes only 5 minutes straight down.

3. 핵심단어

분 minute	~를 알려 주다 show	길을 잃다 be lost
~로 가려는 중이다 be going	직진하다 go straight	좌회전하다 turn left
신호등 traffic light	거리 street	바로 아래로 straight down

02
버스

1. 핵심패턴 3 · 상대방
이런 표현을 듣게 돼요

❶ 대략 ~ 합니다.	It's about ~ .
❷ ~해야 합니다.	You need to ~ .
❸ ~하면 알려 줄게요.	I'll let you know when ~ .

2. 단계별 핵심대화   상대방 / 여행자

1	버스 정류장 위치	타임스퀘어로 가는 버스 정류장이 어디인가요? Where's the bus station for Times Square?	길 건너서 오른쪽으로 30미터 가시면 있어요. There's one if you go down 30 meters on the right side after crossing the street.
2	버스 번호	타임스퀘어로 가려면 몇 번 버스를 타야 하나요? Which bus should I catch to Times Square?	3번 버스를 타세요. Take No. 3.
3	노선 확인	이 버스는 타임스퀘어로 가나요? ❶ Does this bus go to Times Square?	네, 얼른 타세요. Yes, get in!
4	다음 버스	다음 버스는 언제 있나요? When is the next bus?	30분 후에 다음 버스가 옵니다. The next bus will arrive in 30 minutes.
5	버스 요금	타임스퀘어까지 요금은 얼마인가요? ❷ How much is the fare for Times Square?	2달러입니다. It's 2 dollars.

3. 핵심단어

버스 정류장 bus station	광장 square	오른쪽으로 on the right side
길을 건너다 cross the street	잡아타다 catch	~로 가다 go to
타다 get in	도착하다 arrive	요금 fare

출국 > 기내 > 도착 > **교통** > 호텔 > 식사 > 관광
귀국 > 문제발생 > 편의시설 > 쇼핑 > 엔터테인먼트

1. 핵심패턴 3 여행자

이렇게 말해보세요

1. 이 버스는 ~로 가나요? Does this bus go to ~ ?
2. ~가는 요금은 얼마인가요? How much is the fare for ~ ?
3. ~데 얼마나 걸리나요? How long does it take to ~?

2. 단계별 핵심대화 상대방 여행자

6 도착 시간	타임스퀘어까지 가는 데 얼마나 걸리나요? ❸ How long does it take to get to Times Square?	대략 30분 정도 걸립니다. ❶ It's about a 30-minute ride.
7 자리 착석	여기 자리 있나요? Is this seat taken?	아니요. 앉으셔도 돼요. No, you can have it.
8 갈아 타기	갈아타야 하나요? Do I have to transfer?	네, 메인 스트리트에서 갈아타야 합니다. Yes, ❷ you need to transfer at the main street.
9 목적지 도착 알림	언제 내려야 할지 말씀해 주실 수 있나요? Can you tell me when it's my stop?	그래요. 목적지에 도착하면 알려 줄게요. No problem. ❸ I'll let you know when we get to the destination.
10 하차 장소	저 여기서 내릴게요. 좀 나갈게요. I'm getting off here. Let me out.	조심해서 내리세요. Watch your step.

3. 핵심단어

걸리다	탑승	좌석
take	ride	seat
차지되다	~해야 한다	갈아타다
be taken	need to	transfer
정거장	목적지	내리다
stop	destination	get off

03
택시

1. 핵심패턴 3 … 상대방

이런 표현을 듣게 돼요

① ~ 바로 옆에 있어요. It's right next to ~ .
② 어디로 모실까요? Where to ~ .
③ 최대한 빨리 ~ . ~ as fast as I can.

2. 단계별 핵심대화   상대방 / 여행자

1 택시 승강장	택시 승강장이 어디에 있나요? Where is the taxi stop?	저쪽 버스정류장 바로 옆에 있어요. ① It's right next to the bus station over there.
2 목적지	어디로 모실까요, 손님? ② Where to, sir?	플라자 호텔로 가 주세요. Please go to the plaza hotel, please.
3 트렁크	트렁크를 열어 주시겠어요? ① Could you open the trunk, please?	네. 그래요. Sure. No problem.
4 요금	여기서부터 대략 요금이 얼마나 나올까요? ② Approximately how much will it cost from here?	15달러 정도입니다. It's about 15 dollars.
5 소요 시간	플라자 호텔까지는 얼마나 걸리나요? ③ How long does it take to the Plaza Hotel?	이맘때면, 약 30분 정도 걸립니다. About 30 minutes, at this time of the day.

3. 핵심단어

택시 승강장 taxi stop	바로 옆 right next to	버스 정류장 bus station
저쪽 over there	남자 손님 sir	트렁크를 열다 open the trunk
대략 approximately	비용이 ~ 나오다 cost	이맘때 at this time of the day

출국	기내	도착	**교통**	호텔	식사	관광
귀국	문제발생	편의시설	쇼핑	엔터테인먼트		

1. 핵심패턴 3 여행자

이렇게 말해보세요

1. ~을 열어 주시겠어요? Could you open ~ ?
2. 대략 ~이 얼마나 나올까요? Approximately how much will it cost ~ ?
3. ~ 시간이 얼마나 걸리나요? How long does it take to ~ ?

2. 단계별 핵심대화 상대방 여행자

6 더 빨리	늦었으니까 좀 서둘러 주세요. Please hurry a bit! I'm late.	네, 최대한 빨리 가드릴게요. OK, I'll get there ❸ **as fast as I can**.
7 우회전	저쪽 모퉁이에서 우회전 해주세요. Take a right turn at that corner, please.	네, 그럴게요. OK.
8 기다림 요청	여기서 잠시만 기다려 주시겠어요? Could you wait for me here?	네, 그러죠. 기다리고 있겠습니다. No problem. I'll be waiting.
9 하차 장소	어디에서 내리시겠습니까? Where do you want to get off?	이 길 끝에 세워 주세요. Please pull over at the end of the street.
10 요금 지불	요금이 얼마죠? What's fare?	9달러 50센트입니다. It's nine dollars and fifty cents.

3. 핵심단어

서두르다 hurry	늦은 late	최대한 빨리 as fast as
우회전하다 take a right turn	~를 위해 기다리다 wait for	내리다 get off
~에 세우다 pull over	길 끝 the end of the street	요금 fare

04
지하철

1. 핵심패턴 3 ··· 상대방
이런 표현을 듣게 돼요

❶ ~을 타야 합니다.   You should take ~ .
❷ ~에서 타셔야 돼요.   You have to get on from ~ .
❸ 다음 역은 ~입니다.   The next station is ~ .

2. 단계별 핵심대화 상대방 여행자

1 지하철역	가장 가까운 지하철역은 어디인가요? ❶ Where is the nearest subway station?	여기서 남쪽으로 한 블럭 정도에 있습니다. It's about a block south from here.
2 개찰구	지하철 개찰구가 어디인가요? Where is the subway gate?	계단으로 내려가시면 찾을 수 있습니다. You can find it once you go down the stairs.
3 몇 호선	몇 호선이 자연사 박물관에 가나요? Which line is for the Museum of Natural History?	B, C선을 타셔야 합니다. ❶ You should take B or C line.
4 요금	박물관까지 요금은 얼마입니까? How much is it to the museum?	요금은 2달러 50센트입니다. The fare is 2 dollars and 50 cents.
5 티켓 구매	시청행 어른 2장 주세요. Please give me two adult-tickets to the city hall.	네, 여기 있습니다. Sure, here you are.

3. 핵심단어

가장 가까운 the nearest	블럭 block	지하철 개찰구 subway gate
호선 line	박물관 museum	자연사 Natural History
~을 타다 take	어른 티켓 adult ticket	시청 city hall

출국	기내	도착	**교통**	호텔	식사	관광
귀국	문제발생	편의시설	쇼핑	엔터테인먼트		

1. 핵심패턴 3 ··· 여행자

이렇게 말해보세요

① 가장 가까운 ~은 어디인가요? Where is the nearest ~ ?
② 어느 역에서 ~해야 하나요? What station should I ~ ?
③ ~에 가려면 몇 번 출구로 나가야 하나요? Which exit will lead me to ~ ?

2. 단계별 핵심대화   상대방   여행자

6 노선 확인	5번가로 가려면 이쪽에서 타면 되나요? Do I get on from this side to get to the Fifth Street?	아니요. 반대쪽에서 타셔야 돼요. No, ② you have to get on from the other side.
7 환승역	어느 역에서 갈아타야 하나요? ② What station should I transfer at?	브로드웨이에서 갈아타세요. Transfer at Broadway.
8 하차역	메이시스 백화점으로 가려면 어느 역에서 내려야 하나요? Which station should I get off if I want to go to Macy's department store?	타임스 스퀘어역에서 내려야 합니다. You should get off at the Times Square Station.
9 다음역	다음역은 어딘가요? What's the next station?	다음역은 코니아일랜드역입니다. ③ The next station is Coney Island station.
10 출구	시장 쪽으로 나가려면 몇 번 출구로 나가야 하나요? ③ Which exit will lead me to the market?	4번 출구로 가세요. Go to exit number four.

3. 핵심단어

~에 타다 get on	반대쪽 the other side	~에서 환승하다 transfer at
백화점 department store	~에서 내리다 get off	다음역 next station
출구 exit	~에 이르다 lead	상점 market

05
기차

1. 핵심패턴 3 ··· 상대방

이런 표현을 듣게 돼요

❶ 어떤 좌석으로 ~ ?	What type of seat would you ~ ?
❷ ~에서 출발합니다.	The train leaves from ~ .
❸ ~할 예정입니다.	It's suppose to ~ .

2. 단계별 핵심대화 상대방 여행자

1 매표구	매표구는 어디인가요? Where is the ticket window?	개찰구 바로 옆에 있습니다. It's at right next to the ticket gate.
2 시각·운임표	철도 운행 시간과 운임표는 어디에서 확인할 수 있나요? ❶ Where can I check the train timetable and the fares?	출입구 위 게시판에 나타나 있습니다. They are shown on a display above entrance.
3 티켓 구매	어디까지 가시나요? Where are you heading?	3시 뉴욕행 편도 2장 주세요. I'd like two one-way tickets to New York.
4 좌석 등급	어떤 좌석으로 드릴까요? ❶ What type of seat would you like?	1등석(일반석)이 좋겠네요. ❷ I prefer a first class(general) seats.
5 승강장	뉴욕행 열차는 몇 번 승강장에서 출발하나요? From which platform does the train for New York leave?	3번 승강장에서 출발합니다. ❷ The train leaves from the third platform.

3. 핵심단어

매표구	개찰구	시간표
ticket window	ticket gate	timetable
요금	출입구	~로 향하다
fare	entrance	head
편도	1등석	일반석
one-way ticket	first class seat	general seat

| 출국 | 기내 | 도착 | **교통** | 호텔 | 식사 | 관광 |
| 귀국 | 문제발생 | 편의시설 | 쇼핑 | 엔터테인먼트 | | |

1. 핵심패턴 3   여행자

이렇게 말해보세요

- ❶ ~어디에서 확인할 수 있나요? — Where can I check ~ ?
- ❷ ~이 좋겠네요. — I prefer ~ ?
- ❸ ~에 몇 시에 도착하나요? — What time does the train arrive in ~ ?

2. 단계별 핵심대화   상대방   여행자

#	항목	상대방	여행자
6	기차 확인	이 기차가 뉴욕행 101 기차가 맞습니까? This is the 101 train for New York, right?	네. 맞습니다. Yes, this is.
7	좌석	여기가 제자리인 것 같은데요. I think this is my seat.	미안합니다. 제가 좌석을 잘못 앉았네요. Sorry, I took the wrong seat.
8	다음 정거장	다음 정차 역은 어디입니까? What is the next stop?	다음 역은 뉴저지입니다. The next stop is New Jersey.
9	정차 시간	이 열차는 여기서 얼마 동안 정차하나요? How long does this train stop here?	5분 동안 정차합니다. The train stops for 5 minutes.
10	도착 시간	뉴욕에 몇 시에 도착하나요? ❸ What time does the train arrive in New York?	18시에 도착할 예정입니다. ❸ It's suppose to arrive at 18:00.

3. 핵심단어

기차 train	옳은 right	~라고 생각하다 think
자리에 앉다 take a seat	잘못된 wrong	다음역 next stop
분 minute	~에 도착하다 arrive in	~할 예정이다 be suppose to

06
렌터카

1. 핵심패턴 3 ··· 상대방
이런 표현을 듣게 돼요

1. ~의 리스트가 있습니다. — Here's the list of ~.
2. 어떤 종류의 ~ ? — What kind of ~ ?
3. ~은 어떻게 하시겠어요? — How would you like to ~ ?

2. 단계별 핵심대화 상대방 여행자

1 자동차 렌트	자동차를 렌트하고 싶어요. I'd like to rent a car.	네, 여기 렌트 가능한 차종의 리스트가 있습니다. OK, ❶ here's the list of cars you can rent.
2 차 종류	어떤 종류의 차를 원하시나요? ❷ What kind of car do you want?	소형차를 원하는데요. I want a compact car.
3 하루 요금	소형차는 하루에 얼마인가요? ❸ How much is it per day for a compact car?	소형차는 하루에 55달러입니다. For a compact car, it's $55 per day.
4 사용 기간	얼마동안 사용할 예정인가요? How long will you be using it?	내일 오전 10시부터 오후 6시까지 사용하려고 합니다. I'm going to use it from 10 a.m. to 6 p.m. tomorrow.
5 운전자	어느 분이 운전할 건가요? Who will be driving?	저만 운전할 거예요. Just me.

3. 핵심단어

빌리다 rent	~의 리스트 list of	~ 종류의 kind of
소형의 compact	하루에 per day	~하려고 하다 be going to ~
사용하다 use	A에서 B까지 from A to B	운전하다 drive

| 출국 | 기내 | 도착 | 교통 | 호텔 | 식사 | 관광 |
| 귀국 | 문제발생 | 편의시설 | 쇼핑 | 엔터테인먼트 |

1. 핵심패턴 3 ··· 여행자

이렇게 말해보세요

① ~은 하루에 얼마인가요?   How much is it per day for ~ ?
② ~로 하겠습니다.   I'd like ~ .
③ 문제가 생기면, ~ .   In case of trouble, ~ .

2. 단계별 핵심대화 상대방 여행자

6 국제운전면허증	여권과 국제운전면허증을 보여 주십시오. May I see your passport and international driver's license?	네. 여기 있습니다. Yes. Here you go
7 보험가입	보험에 가입하시겠어요? Do you want an insurance coverage?	종합보험으로 하겠습니다. ❷ I'd like a full coverage.
8 결제방법	지불은 어떻게 하시겠어요? ❸ How would you like to make a payment?	신용카드로 무이자 3개월로 할게요. I'll pay in three-month installments with a credit card.
9 차상태	차 상태를 확인해드리겠습니다. 차 상태를 확인하시고 여기에 사인해 주세요. We'll check the car for you. Please check the condition of the car and sign here.	네. 확인하였습니다. Yes, I've checked it.
10 긴급연락처	문제가 생기면 어디로 연락해야 하나요? ❸ In case of trouble, what number should I call?	계약서에 적힌 번호로 연락 주십시오. Call the numbers on the contract sheet.

3. 핵심단어

보험 insurance	종합보험 full coverage	지불하다 make a payment
지불하다 pay	할부 installment	확인하다 check
상태 condition	문제가 생기면 in case of trouble	계약서 contract sheet

07 선박

1. 핵심패턴 3 … 상대방   이런 표현을 듣게 돼요

1. 어떤 종류의 ~ ?   What type of ~ ?
2. 승선은 ~에 시작합니다.   Boarding will start at ~ .
3. ~에 있습니다.   It's on ~ .

2. 단계별 핵심대화   상대방 여행자

1 매표소 위치	배를 타려는데 티켓은 어디서 사야 하나요? I want to take a ship but where can I buy the ticket?	저기 있는 항만 사무실 안쪽에 매표소가 있어요. There's a ticket counter inside the port office over there.
2 승선권 구매	산타 모니카행 표 2장 주세요. Two tickets to Santa Monica, please.	몇 등실을 원하시나요? ❶ What type of cabin would you like?
3 선실 선택	등실별 요금은 각각 얼마인가요? ❶ What's the rate for each cabin class?	1등실은 40달러이고, 2등실은 20달러입니다. 40 dollars for the first-class and 20 dollars for the second-class.
4 선실 요금	그럼 1등실로 2장 주세요. Please give me two first-class tickets, then.	여기 있습니다. 즐거운 여행되세요. Here you are. Have a pleasant journey.
5 승선 장소	어디에서 승선하나요? ❷ Where do I board?	항구 승선장은 4번으로 가십시오. Please take port gate No. 4.

3. 핵심단어

매표소 ticket counter	항만 사무실 port office	저쪽에 over there
각각의 each	등실 cabin class	2등실 second-class
즐거운 pleasant	여행 journey	항구 승선장 port gate

| 출국 | 기내 | 도착 | **교통** | 호텔 | 식사 | 관광 |
| 귀국 | 문제발생 | 편의시설 | 쇼핑 | 엔터테인먼트 | | |

1. 핵심패턴 3 여행자

이렇게 말해보세요

❶ ~는 얼마인가요?	What's the rate for ~ ?
❷ 어디에서 ~하나요?	Where do I ~ ?
❸ 몇 시부터 ~하나요?	What time does ~ ?

2. 단계별 핵심대화 상대방 여행자

		상대방	여행자
6	승선 시간	승선은 몇 시부터 시작하나요? ❸ What time does the boarding start?	승선은 11시에 시작합니다. ❷ Boarding will start at 11 o'clock.
7	승선 시작	스타라이너2의 승선이 시작되었습니다. 4번 게이트를 통해 승선하십시오. The boarding for Star Liner 2 has just started. Please board through gate 4.	여기가 스타라이너2의 승선줄인가요? Is this the boarding line for the Star Liner 2?
8	선실 위치	제 선실은 어디인가요? Where is my cabin?	손님 선실은 3층 입니다. Your cabin is the deck 3.
9	식당	식당은 어디에 있나요? Where is the restaurant?	4층에 있습니다. ❸ It's on the deck 4.
10	뱃멀미	속이 안 좋아요. 뱃멀미를 할 것 같아요. I don't feel good. I think I am going to get a seasick.	여기 멀미봉투와 약이 있어요. 시원한 공기를 마셔 보세요. Here are the sickness bag and some medicines. Try breathe in fresh air.

3. 핵심단어

승선 boarding	시, 정각 o'clock	~을 통해 through
승선줄 boarding line	선실 cabin	층 deck
뱃멀미 seasick	약 medicine	숨 쉬다 breathe

08
자전거

1. 핵심패턴 3 ··· 상대방
이런 표현을 듣게 돼요

- ❶ 어떤 종류를 ~ ? — What kind ~ ?
- ❷ ~까지 반납하시면 됩니다. — You just need to return it by ~ .
- ❸ ~ 기다려 주세요. — Please wait ~ .

2. 단계별 핵심대화 상대방 여행자

① 자전거 대여소 위치	자전거 대여소는 어디에 있나요? Where is the bicycle rental shop?	열차역 근처 코너에 있어요. It's at the corner near the train station.
② 자전거 대여	자전거를 하루 동안 빌리고 싶어요. I want to rent a bicycle for a day.	어떤 종류를 원하시나요? ❶ What kind do you want?
③ 자전거 종류	어떤 종류의 자전거가 있나요? What kind of bicycles are available?	MTB, 2인용 자전거, 아동용 등이 있습니다. MTBs, two-man bicycle, for children, and more.
④ 시간당 요금	2인용 자전거는 시간당 얼마입니까? ❶ What's the hourly rate for the two-man bicycle?	1시간에 20달러입니다. 20 dollars for an hour.
⑤ 신분증·보증금 제시	신분증과 보증금 50불을 맡겨 주세요. Please leave your ID and put down a deposit of 50 dollars.	여기 있습니다. Here they are.

3. 핵심단어

자전거 bicycle	대여소 rental shop	열차역 train station
하루 동안 a day	이용 가능한 available	아동용 for children
시간당 hourly	1시간에 for an hour	보증금 deposit

| 출국 | 기내 | 도착 | 교통 | 호텔 | 식사 | 관광 |
| 귀국 | 문제발생 | 편의시설 | 쇼핑 | 엔터테인먼트 |

1. 핵심패턴 3 · 여행자

이렇게 말해보세요

1. ~은 시간당 얼마인가요? — What's the hourly rate for ~ ?
2. ~를 언제까지 반납해야 되나요? — Until when should I return ~ ?
3. ~를 반납하려고 합니다. — I'd like to return ~ .

2. 단계별 핵심대화 상대방 / 여행자

		상대방	여행자
6	반납 시간	자전거를 언제까지 반납해야 되나요? ❷ Until when should I return the bicycle?	지금 1시 반이니 2시반 까지 반납하시면 됩니다. It's 1:30 now so that ❷ you just need to return it by 2:30.
7	브레이크 고장	브레이크가 잘 들지 않아요. The brakes don't work well.	바로 수리해드릴게요. 잠시만 기다려 주세요. We'll repair them right now. ❸ Please wait a while.
8	공기 주입	공기를 좀 더 주입해 주세요. Please fill in the air a little more.	네. 적당한 정도로 공기를 주입해 놓았습니다. Sure, it's been filled adequately.
9	타이어 펑크	타이어가 펑크났어요. The tire has been punctured.	그럼 다른 것을 골라 보세요. Then choose another.
10	자전거 반납	자전거를 반납하려고 합니다. ❸ I'd like to return the bicycle.	맡기신 신분증과 보증금은 여기 있습니다. Here are the ID and deposit you've made.

3. 핵심단어

~까지 until	반환하다 return	잘 작동한다 work well
수리하다 repair	~을 주입하다 fill in	조금 더 a little more
적당히 adequately	펑크나다 puncture	선택하다 choose

❺ 호텔

01 호텔 예약	듣기	☐ ~해도 될까요? ☐ ~하게 해드릴 수 있습니다. ☐ ~은 어떻게 하시겠어요?	May I ~ ? We do offer ~ . How would you like to ~ ?
	말하기	☐ ~당 얼마인가요? ☐ ~은 포함되어 있나요? ☐ ~이 있나요?	How much is it per ~ ? Does the room charge include ~ ? Is there any ~ ?
02 체크인	듣기	☐ ~하셨습니까? ☐ ~보여 주시겠습니까? ☐ ~을 기입해 주십시오.	Do you have ~ ? May I have ~ ? Please fill out ~ .
	말하기	☐ ~하려고 합니다. ☐ ~는 언제 서비스하나요? ☐ ~가져다 주시겠어요?	I'd like to ~ . When do you serve ~ ? Could you bring ~ ?
03 룸 서비스	듣기	☐ ~해드릴까요? ☐ ~을 걸어 주십시오. ☐ ~을 가져다 드리겠습니다.	How may I ~ ? Please hang ~ . We'll send ~ over ~ .
	말하기	☐ ~을 올려줄 수 있을까요? ☐ ~을 청소해 주시겠어요? ☐ ~을 좀 더 주시겠어요?	Can you send up ~ ? Would you clean ~ ? Could I get some extra ~ ?
04 호텔 시설 이용	듣기	☐ ~부터 ~까지. ☐ ~에 있습니다. ☐ ~을 몇 시로 ~ 하시겠습니까?	From ~ till ~ . It's at ~ . At what time would you like to ~ ?
	말하기	☐ 어떤 시설들을 ~ ? ☐ ~의 영업시간은 언제까지인가요? ☐ ~은 무료인가요?	What kind of facilities ~ ? What's the operation hours of ~ ? Is the ~ free?

여행 영어회화 필수 패턴 실력 테스트

사전체크로 나의 실력을 알아보세요.

05 불편 사항	듣기	☐ 사람을 ~ 보내드리겠습니다. ☐ ~을 확인해 볼게요. ☐ 매니저가 ~와 연락드릴 거예요.	I'll have someone sent over ~ . Let me check ~ . Our manager will be in touch with ~ .
	말하기	☐ ~는 어떻게 사용합니까? ☐ 방이 잠겼어요. ☐ ~이 고장 났어요.	How do I use ~ ? ~ locked myself out. ~ doesn't work.
06 체제 기간 변경	듣기	☐ 체크인은 ~부터 할 수 있어요. ☐ ~을 잡아 놓겠습니다. ☐ ~를 내셔야 합니다.	The Check-in starts at ~ . We will keep ~ . You will have to pay ~ .
	말하기	☐ 체크인을 ~ 할 수 있나요? ☐ ~해도 될까요? ☐ ~까지 방을 사용해도 되나요?	Can I check in ~ ? Is it alright if ~ ? Can I use the room until ~ ?
07 체크 아웃	듣기	☐ ~를 보내드리겠습니다. ☐ ~에서 드신 게 있나요? ☐ 즐거운 시간을 보내셨습니까?	I'll send it over ~ . Did you have anything from ~ ? Did you enjoy ~ ?
	말하기	☐ ~을 이용하지 않았습니다. ☐ ~은 총 얼마인가요? ☐ ~로 계산하겠습니다.	I didn't use ~ . How much are ~ in all? I'd like to pay by ~ .
08 프런트 데스크 문의	듣기	☐ ~을 ~에 적어드리겠습니다. ☐ 길 건너편에 ~이 있습니다. ☐ ~에서 가져가세요.	I'll put ~ on ~ . There are ~ across the street. You can pick it up from ~ .
	말하기	☐ ~을 좀 얻을 수 있을까요? ☐ ~이 있나요? ☐ ~을 맡겨도 되나요?	Can I get ~ ? Are there any ~ ? Can I leave ~ ?

01
호텔 예약

1. 핵심패턴 3 ··· 상대방
이런 표현을 듣게 돼요

❶ ~해도 될까요?	May I ~ ?
❷ ~하게 해드릴 수 있습니다.	We do offer ~ .
❸ ~은 어떻게 하시겠어요?	How would you like to ~ ?

2. 단계별 핵심대화 상대방 여행자

		상대방	여행자
1	룸 예약	무엇을 도와드릴까요? ❶ May I help you?	룸 하나를 예약하고 싶어요. I'd like to book a room.
2	요금 문의	1인용 객실은 1박에 얼마인가요? ❶ How much is it per night for a single room?	100달러입니다. It's 100 dollars.
3	조식 포함	조식은 요금에 포함되어 있나요? ❷ Does the room charge include a breakfast?	네. 포함되어 있습니다. Yes, it's included.
4	장기 투숙 할인	제가 만약 1주일 이상 묵으면 숙박비를 좀 할인해 주나요? If I stay longer than a week, can I get some discounts?	그럼요. 장기투숙하시면 좀 싸게 해드릴 수 있습니다. Yes. ❷ We do offer discounts for the long-term stays.
5	숙박 기간	숙박을 원하시는 날짜는 언제이신가요? What are the dates you wish to stay?	8월 15일부터 20일까지 총 5박 예정입니다. from 15th to 20th of August, a total of 5 days.

3. 핵심단어

예약하다	1박에	1인용 객실
book	per night	single room
숙박비	포함하다	조식
room charge	include	breakfast
할인	제공하다	장기 투숙
discount	offer	long-term stays

출국 기내 도착 교통 **호텔** 식사 관광
귀국 문제발생 편의시설 쇼핑 엔터테인먼트

1. 핵심패턴 3 … 여행자

이렇게 말해보세요

❶ ~당 얼마인가요?	How much is it per ~ ?
❷ ~은 포함되어 있나요?	Does the room charge include ~ ?
❸ ~이 있나요?	Is there any ~ ?

2. 단계별 핵심대화   상대방 여행자

6 예약 가능	현재 그 기간에는 예약 가능합니다. The reservation can be made for that period at this time.	좋아요. 예약해 주세요. Fine, book me.
7 룸 선택	어떤 룸을 원하십니까? What is your room preference?	더블 룸으로 주세요. A double room, please.
8 예약자	성함이 어떻게 되시나요? Your name, please.	김예서입니다. It's YS Kim.
9 결제 방법	지불은 어떻게 하시겠어요? ❸ How would you like to make your payment?	신용카드 3개월로 해 주세요. By three-month installments with my credit card.
10 예약 취소 벌금	예약 취소 벌금이 있나요? ❸ Is there any cancellation charge?	체크인 시간 전에는 없고 이후에는 20% 적용됩니다. None before the check-in time, but 20% will be applied after.

3. 핵심단어

예약 reservation	기간 period	좋아하는 것 preference
더블룸 double room	지불 payment	3개월 무할부 three-month installments
취소 cancellation	요금 charge	~이 적용되다 apply

02
체크인

1. 핵심패턴 3 ··· 상대방

이런 표현을 듣게 돼요

❶ ~하셨습니까?	Do you have ~ ?
❷ ~보여 주시겠습니까?	May I have ~ ?
❸ ~을 기입해 주십시오.	Please fill out ~ .

2. 단계별 핵심대화   상대방   여행자

1. 체크인
플라자 호텔에 오신 것을 환영합니다. 무엇을 도와드릴까요?
Welcome to the Plaza Hotel. How may I Help you?

체크인 하려고 합니다.
❶ I'd like to check-in, please.

2. 예약확인
예약은 하셨습니까?
❶ Do you have a reservation?

김예서로 예약했습니다. 예약확인서는 여기 있습니다.
I have a reservation under YS Kim. Here is my confirmation slip.

3. 여권·신용카드 제시
여권과 신용카드를 주시겠습니까?
❷ May I have your passport and a credit card, please?

네, 여기 있습니다.
Sure. Here you go.

4. 룸 종류
1인용 객실을 2박 예약하셨네요. 맞으신가요?
Sir, you've reserved a single room for 2 nights, correct?

네, 그렇습니다.
Yes, that's correct.

5. 숙박카드 기입
숙박카드를 기입해 주십시오.
❸ Please fill out the registraton card.

펜 좀 빌려주세요.
Let me have a pen.

3. 핵심단어

투숙 수속을 밟다	예약	예약확인서
check in	reservation	confirmation slip
여권	신용카드	예약하다
passport	credit card	reserve
1인용 객실	옳은	숙박카드
single room	correct	registration card

출국	기내	도착	교통	호텔	식사	관광
귀국	문제발생	편의시설	쇼핑	엔터테인먼트		

1. 핵심패턴 3 … 여행자

이렇게 말해보세요

❶ ~하려고 합니다.	I'd like to ~ .
❷ ~는 언제 서비스하나요?	When do you serve ~ ?
❸ ~가져다 주시겠어요?	Could you bring ~ ?

2. 단계별 핵심대화 상대방 여행자

		상대방	여행자
6	전망 좋은 방	전망 좋은 방으로 주세요. I'd like to have a room with a good view.	네. 바다가 보이는 방으로 준비해드리겠습니다. Of course, we'll arrange a sea-view room for you.
7	룸 배정	손님 객실은 7층 715호입니다. Your room is 715 on the 7th floor.	고마워요. Thank you.
8	룸키 · 조식쿠폰	여기 룸키와 조식 쿠폰이 있습니다. Here is your room key and a breakfast coupon.	고마워요. Thank you.
9	조식 시간	아침 식사는 언제 서비스하나요? ❷ When do you serve breakfast?	오전 7시부터 10시까지입니다. From 7 a.m till 10 a.m
10	짐 운반	여기 짐들을 방으로 가져다주시겠어요? ❸ Could you bring my luggage up to the room?	네. 저희 벨보이를 시켜 바로 올려드리겠습니다. Sure, we'll let our bellboy to send them up right away.

3. 핵심단어

전망 좋은 good view	~을 준비하다 arrange	층 floor
조식 breakfast	제공하다 serve	~부터 ~까지 From ~ till
짐 luggage	올려주다 send up	바로 right away

03
룸서비스

1. 핵심패턴 3 … 상대방

이런 표현을 듣게 돼요

1. ~해드릴까요? — How may I ~ ?
2. ~을 걸어 주십시오. — Please hang ~ .
3. ~을 가져다 드리겠습니다. — We'll send ~ over ~ .

2. 단계별 핵심대화 상대방 여행자

	상대방	여행자
1. 모닝콜	룸서비스입니다. 무엇을 도와드릴까요? Room service, **❶ How may I** help you?	내일 아침 7시에 모닝콜을 부탁해요. I'd like a 7 o'clock wake-up call tomorrow morning.
2. 룸서비스	룸서비스를 요청하고 싶어요. I need a room service.	예, 무엇을 주문하시겠습니까? Yes, what would you like to order?
3. 식사주문	식사를 방으로 올려 줄 수 있을까요? **❶ Can you send up** a meal?	네, 가능합니다만 주문하신 음식은 20분 정도 걸립니다. Yes, we can, but your order will take about 20 minutes.
4. 국제전화	국제 전화를 하려면 어떻게 해야 하나요? How can I make an international call?	우선 외부통화 9번을 누르시고, 전화번호를 누르시면 됩니다. You need to push outside call button number 9 first and then enter the numbers.
5. 룸청소	외출해 있는 동안 방을 청소해 주시겠어요? **❷ Would you clean** this room while I am out.	"청소바람" 카드를 문밖에 걸어 주십시오. **❷ Please hang** a "make up please" card out the door.

3. 핵심단어

모닝콜 wake-up call	~을 요청하다 need	주문하다 order
올려 보내다 send up	식사 meal	국제전화 international call
외부통화 outside call	~을 걸다 hang	청소하다 make up

출국 > 기내 > 도착 > 교통 > **호텔** > 식사 > 관광
귀국 > 문제발생 > 편의시설 > 쇼핑 > 엔터테인먼트

1. 핵심패턴 3 … 여행자

이렇게 말해보세요

1. ~을 올려 줄 수 있을까요? — Can you send up ~ ?
2. ~을 청소해 주시겠어요? — Would you clean ~ ?
3. ~을 좀 더 주시겠어요? — Could I get some extra ~ ?

2. 단계별 핵심대화 상대방 여행자

6 무선 인터넷	무선인터넷 접속 비밀번호는 무엇인가요? What is the password for the wireless internet?	무선인터넷 접속 비밀번호는 123456입니다. The password for the wireless internet is 123456.
7 세탁 의뢰	이 옷들을 세탁해 주세요. 얼마나 걸릴까요? Please wash these clothes. How long will it take?	내일 아침 9시에 갖다 드리겠습니다. We'll bring them to you by 9 o'clock in the morning.
8 수건	수건을 몇 장 더 가져다 주세요. Please bring me some extra towels.	네, 바로 가져다 드리겠습니다. Right away, sir.
9 비누·샴푸	비누와 샴푸를 좀 더 주시겠어요? ❸ Could I get some extra soaps and shampoo, please?	네. 즉시 가져다 드리겠습니다. Sure thing, sir. ❸ We'll send them over to you immediately.
10 귀중품	제 귀중품들은 어떻게 해야 하나요? What should I do with my valuables?	방 안에 있는 금고에 넣으시거나 프론트 데스크에 보관하실 수도 있습니다. You could keep them in a room safety box or at the front desk.

3. 핵심단어

비밀번호 password	무선인터넷 wireless internet	옷들 clothes
~을 가져다주다 bring	추가 extra	바로 right away
즉시 immediately	귀중품 valuable	금고 safety box

04
호텔시설 이용

1. 핵심패턴 3 ··· 상대방

이런 표현을 듣게 돼요

① ~부터 ~까지. From ~ till ~.
② ~에 있습니다. It's at ~.
③ ~을 몇 시로 ~ 하시겠습니까? At what time would you like to ~?

2. 단계별 핵심대화 상대방 여행자

		상대방	여행자
1	호텔 시설	호텔에서 어떤 시설들을 이용할 수 있나요? ❶ What kind of facilities can I use at the hotel?	수영장, 헬스장, 스파, 비즈니스 센터가 있어요. We have a pool, gym, spa and business center.
2	식당 위치	호텔 내에 레스토랑이 있나요? Are there any restaurants in the hotel?	3층에 메인 식당이 있습니다. There's a main restaurant on the 3rd floor.
3	영업 시간	영업시간은 어떻게 되나요? What are the business hours?	아침 7시부터 저녁 10시까지입니다. ❶ From 7 o'clock in the morning till 10 o'clock in the evening.
4	카페	카페는 어디에 있나요? Where's the cafe?	2층에 있습니다. That's on the 2nd floor.
5	바	바의 영업시간은 언제까지인가요? ❷ What's the operation hours of the bar?	새벽 2시까지입니다. Until 2 A.M.

3. 핵심단어

시설	수영장	헬스장
facility	pool	gym
스파	비즈니스 센터	층
spa	business center	floor
영업시간	영업시간	~까지
business hours	operation hours	until

출국 > 기내 > 도착 > 교통 > **호텔** > 식사 > 관광
귀국 > 문제발생 > 편의시설 > 쇼핑 > 엔터테인먼트

1. 핵심패턴 3 ··· 여행자

이렇게 말해보세요

① 어떤 시설들을 ~ ?   What kind of facilities ~ ?
② ~ 의 영업시간은 언제까지인가요?   What's the operation hours of ~ ?
③ ~은 무료인가요?   Is the ~ free?

2. 단계별 핵심대화 상대방 여행자

6 가라오케	가라오케는 어디에 있나요? Where's the karaoke room?	지하 1층에 있습니다. ❷ It's at the first basement.
7 헬스장	헬스장은 무료인가요? ❸ Is the fitness center free?	네, 모든 투숙객에게 무료입니다. Yes. It's free for all our guests.
8 수영장	수영장이 있나요? Do you have a swimming pool?	네, 2층 헬스장 옆에 있습니다. Yes. It's on the second floor, next to the fitness center.
9 마사지	안마를 받고 싶은데요. I'd like a massage service.	알겠습니다. 몇 시로 예약하시겠습니까? Okay, ❸ at what time would you like to have it?
10 비즈니스 센터	비즈니스 센터를 이용하고 싶은데 어디에 있나요? I'd like to use the business center. Where is it?	1층 호텔사무실 옆에 있습니다. It is next to the first floor office of the hotel.

3. 핵심단어

가라오케 karaoke room	지하 basement	헬스장 fitness center
투숙객 guest	수영장 swimming pool	~옆에 next to
안마 massage	이용하다 use	1층 first floor

05
불편사항

1. 핵심패턴 3 ... 상대방
이런 표현을 듣게 돼요

1. 사람을 ~ 보내드리겠습니다.   I'll have someone sent over ~ .
2. ~을 확인해 볼게요.   Let me check ~ .
3. 매니저가 ~와 연락드릴 거예요.   Our manager will be in touch with ~ .

2. 단계별 핵심대화   상대방   여행자

		상대방	여행자
1	카드키 사용법	카드키는 어떻게 사용합니까? ❶ How do I use the card key?	넣다 빼고 녹색 불일 때 여십시오. Just push in and out and open when the light is green.
2	카드키 분실	제 카드키를 잃어버렸어요. I lost my key.	여분의 키를 하나 더 드리겠습니다. We are providing you with an extra key.
3	방 잠김	방이 잠겼어요. I ❷ locked myself out.	객실 직원을 바로 보내드리겠습니다. ❶ I'll have someone sent over to the room right now.
4	방 번호 망각	방 번호를 잊어버렸습니다. I forgot my room number.	숙박 기록을 확인해 볼게요. 성함이 어떻게 되시죠? ❷ Let me check the registration. May I have your name?
5	소음	옆방이 무척 시끄럽습니다. 조용히 해 달라고 해 주세요. The next room is very noisy. Please tell them to be quiet.	불편을 끼쳐드려 죄송합니다. 직원을 보내겠습니다. Sorry for the inconvenience. I will send up the staff.

3. 핵심단어

넣고 빼다 push in and out	~을 잃어버리다 lose	제공하다 provide
~을 잠그다 lock	~을 보내다 send over	~을 잊어버리다 forget
숙박 기록 registration	시끄러운 noisy	불편 inconvenience

출국 > 기내 > 도착 > 교통 > **호텔** > 식사 > 관광
귀국 > 문제발생 > 편의시설 > 쇼핑 > 엔터테인먼트

1. 핵심패턴 3 — 여행자
이렇게 말해보세요

① ~는 어떻게 사용합니까? How do I use ~ ?
② 방이 잠겼어요. ~ locked myself out.
③ ~이 고장 났어요. ~ doesn't work.

2. 단계별 핵심대화 상대방 여행자

6 에어컨 고장	에어컨이 고장 났어요. 확인해 주세요. The airconditioner ③ <u>doesn't work</u>. Please check.	서비스 직원을 보내겠습니다. 조금만 기다려 주십시오. We shall send our staff over. Kindly wait a while, please.
7 화장실 고장	화장실 물이 잘 내려가지 않아요. 누구 좀 올려 보내 주시겠어요? This toilet doesn't flush well. Can you send someone up?	물론입니다. 당장 보내겠습니다. Of course, right away.
8 뜨거운 물	뜨거운 물이 안 나와요. There's no hot water.	서비스 직원을 바로 보내겠습니다. I'll send over the maintenance staff right away.
9 수도꼭지 고장	수도꼭지가 고장 났어요. The faucet is broken.	지금 서비스 직원을 호출하고 있습니다. 잠시만 기다려 주세요. I'm paging a service staff now. please hold on a second.
10 방 교환	방에서 나쁜 냄새가 나요. 다른 방으로 바꿔 주세요. The room smells bad. I want another room.	저희 매니저가 곧 연락드릴 거예요. 잠시만 기다려 주십시오. ③ <u>Our manager will be in touch with</u> you soon. Please wait a while.

3. 핵심단어

작동하다 work	물이 내려가다 flush	당장 right away
서비스 직원 maintenance staff	수도꼭지 faucet	호출하다 page
~을 기다리다 hold on	냄새가 나다 smell	~와 연락하다 be in a touch with

06
체제기간 변경

1. 핵심패턴 3 … 상대방

이런 표현을 듣게 돼요

❶ 체크인은 ~부터 할 수 있어요.   The Check-in starts at ~ .
❷ ~을 잡아 놓겠습니다.   We will keep ~ .
❸ ~를 내셔야 합니다.   You will have to pay ~ .

2. 단계별 핵심대화 상대방 여행자

1 체크인 시각	체크인은 몇 시부터 할 수 있나요? From what time can I check-in?	체크인은 오후 2시부터 할 수 있어요. ❶ The Check-in starts at 12 a.m.
2 일찍 체크인	더 일찍 체크인할 수 있나요? ❶ Can I check in ealier?	아니요. 그건 어렵습니다. No, that's not possible.
3 늦은 체크인	일정상 체크인 시간에 맞출 수 없을 것 같아요. 괜찮겠지요? I won't be able to meet my check-in time because of my schedule. Is it alright?	네. 문제없습니다. 방을 잡아 놓겠습니다. No problem. ❷ We will keep the room for you.
4 체크아웃 시간	몇 시까지 체크아웃해야 하나요? Until when should we check out?	정오까지 체크아웃하시면 됩니다. Until noon, Sir.
5 출발 시간	몇 시에 떠나실 건가요? What time will you be leaving?	아침 11시경에 떠날 거예요. I'll leave around 11 o'clock in the morning.

3. 핵심단어

~에 시작하다 start at	더 일찍 earlier	가능한 possible
~을 할 수 있다 be able to	~때문에 because of	괜찮은 alright
잡다 keep	체크아웃하다 check out	~를 떠나다 leave

출국 > 기내 > 도착 > 교통 > **호텔** > 식사 > 관광
귀국 > 문제발생 > 편의시설 > 쇼핑 > 엔터테인먼트

1. 핵심패턴 3 ··· 여행자

이렇게 말해보세요

① 체크인을 ~ 할 수 있나요? Can I check in ~ ?
② ~해도 될까요? Is it alright if ~ ?
③ ~까지 방을 사용해도 되나요? Can I use the room until ~ ?

2. 단계별 핵심대화 상대방 여행자

6 2시간 늦게	2시간 늦게 체크아웃을 해도 될까요? ❷ Is it alright if I check out 2 hours later?	정오 체크아웃 시간을 넘기면 추가 요금이 있습니다. There will be some extra charges if you miss the noon check-out time.
7 오후 까지	오후까지 방을 사용해도 되나요? ❸ Can I use the room until this afternoon?	2시간 연장체류는 무료입니다만 그 이후는 추가 요금이 발생합니다. 2-hour extended stay is free but there will be extra charges afterwards.
8 추가 요금	제가 좀 늦게 체크아웃을 해도 되나요? Can I check out a little later?	추가 요금을 내셔야 합니다. ❸ You will have to pay some extra charges.
9 하루 일찍	하루 일찍 떠나고 싶은데요. I'd like to leave a day ealier.	문제 없습니다. 지금 시즌에는 과태료가 없습니다. No problem. There's no cancellation charge in this season.
10 숙박 기간 연장	숙박기간을 며칠 더 연장하고 싶어요. I'd like to extend my stay for a few days.	네, 가능합니다. 언제까지 연장해 드릴까요? Yes, it's possible. How long would you like to extend your stay?

3. 핵심단어

늦게 later	추가 요금 extra charge	놓치다 miss
~을 연장하다 extend	~후에, 나중에 afterward	~을 지불하다 pay
과태료 cancellation charge	숙박 stay	며칠 a few days

07 체크아웃

1. 핵심패턴 3 … 상대방

이런 표현을 듣게 돼요

1. ~를 보내드리겠습니다.   I'll send it over ~ .
2. ~에서 드신 게 있나요?   Did you have anything from ~?
3. 즐거운 시간을 보내셨습니까?   Did you enjoy ~ ?

2. 단계별 핵심대화 상대방 / 여행자

1 카트 요청	701호인데요. 체크아웃 하려 합니다. 카트를 보내 주세요. This is room 701, I'd like to check-out now and please send up a baggage cart.	네. 바로 보내드리겠습니다. Sure, ❶ **I'll send it over** as soon as possible.
2 체크 아웃	체크아웃 할게요. Check out, please.	네. 잠시만요. Certainly. Just a moment, please.
3 룸 넘버	몇 호실입니까? What's your room number?	701호실입니다. 카드키는 여기 있습니다. Room 701. Here's the key.
4 미니바	미니바에서 드신 게 있나요? ❷ Did you have anything **from** the mini-bar?	미니바를 이용하지 않았습니다. ❶ **I didn't use** the mini-bar.
5 계산서 확인	총 얼마인가요? ❷ How much are they **in all**?	총 500불입니다. The total is 500 dollars.

3. 핵심단어

짐 옮기는 카트 baggage cart	보내다 send over	바로 as soon as possible
체크아웃하다 check out	방 번호 room number	미니바 mini bar
사용하다 use	전부 in all	총 total

출국	기내	도착	교통	**호텔**	식사	관광
귀국	문제발생	편의시설	쇼핑	엔터테인먼트		

1. 핵심패턴 3 ··· 여행자

이렇게 말해보세요

❶ ~을 이용하지 않았습니다.	I didn't use ~ .
❷ ~은 총 얼마인가요?	How much are ~ in all?
❸ ~로 계산하겠습니다.	I'd like to pay by ~ .

2. 단계별 핵심대화 상대방 여행자

6 계산서 착오	계산이 잘못된 것 같은데요. I think there is a miscalculation.	어느 부분이요? 제가 확인해드릴게요. On which part? Let me check.
7 세부 항목 확인	이 요금은 무엇인가요? What's this charge for?	그건 주문하셨던 룸서비스 비용입니다. That's for the room service you've ordered.
8 계산 방법	계산은 어떻게 하시겠습니까? How would you like to pay?	신용카드로 계산하겠습니다. ❸ I'd like to pay by credit card.
9 방에 두고 온 물건	방에 물건을 두고 나왔습니다. I left something in my room.	객실 직원을 보내겠습니다. 무엇을 두고 오셨나요? I will send over the service staff. What did you leave behind?
10 작별 인사	저희와 즐거운 시간을 보내셨습니까? ❸ Did you enjoy your stay with us?	고맙습니다. 즐겁게 보냈습니다. Thank you. I enjoyed my stay.

3. 핵심단어

계산 오류 miscalcuation	부분 part	요금 charge
주문하다 order	계산하다 pay	어떤 것 something
객실직원 service staff	두고 오다 leave behind	즐거운 시간을 보내다 enjoy

08
프런트데스크 문의

1. 핵심패턴 3 · 상대방
이런 표현을 듣게 돼요

- ❶ ~을 ~에 적어드리겠습니다. — I'll put ~ on ~.
- ❷ 길 건너 편에 ~이 있습니다. — There are ~ across the street.
- ❸ ~에서 가져가세요. — You can pick it up from ~.

2. 단계별 핵심대화   상대방   여행자

1 호텔 명함	길을 잃을 경우를 대비해서 호텔 명함 좀 얻을 수 있을까요? ❶ <u>Can I get</u> a hotel card in case I got lost?	저희 호텔 명함에 손님 객실 번호도 적어 드리겠습니다. ❶ <u>I'll put</u> your room number <u>on</u> the hotel card too.
2 셔틀 버스	공항가는 셔틀버스는 어디서 타나요? Where can I take a shuttle to the airport?	호텔 앞에서요. 도어맨에게 얘기하시면 안내해드릴겁니다. In front of the hotel. The door man will show you if you ask him.
3 셔틀 버스 시간표	공항으로 가는 셔틀버스 운행시간은 어떻게 되나요? What's the shuttle bus schedule for airport?	30분 간격으로 운행하고 있습니다. They are running every 30 minutes.
4 관광 명소	이 주위에 가 볼 만한 곳이 있나요? ❷ <u>Are there any</u> places worth visiting in this vicinity?	길 건너편에 유명한 유적지가 많이있습니다. ❷ <u>There are</u> many historic sites <u>across the street</u>.
5 시내 투어	시내투어가 있나요? Is there any city tour?	호텔에서 2시간마다 출발하는 시내투어가 있습니다. There's a city tour that leaves every 2 hours from the hotel.

3. 핵심단어

~하는 경우에 in case	적다 put on	셔틀버스를 타다 take a shuttle
~을 운행하다 run	매 every	~할 만한 worth
~의 부근 vicinity	유적지 historic site	길 건너서 across the street

출국 〉 기내 〉 도착 〉 교통 〉 **호텔** 〉 식사 〉 관광
귀국 〉 문제발생 〉 편의시설 〉 쇼핑 〉 엔터테인먼트

1. 핵심패턴 3 · 여행자

이렇게 말해보세요

❶ ~을 좀 얻을 수 있을까요?	Can I get ~ ?
❷ ~이 있나요?	Are there any ~ ?
❸ ~을 맡겨도 되나요?	Can I leave ~ ?

2. 단계별 핵심대화 상대방 여행자

6 시티맵	시티맵을 좀 얻을 수 있을까요? Could I get a map of the city?	저기 있는 스탠드 위에 있으니 가져가세요. ❸ You can pick it up from the stand over there.
7 쇼핑몰	이 부근에 쇼핑몰이 있나요? Is there a shopping mall near here?	호텔 입구에서 오른쪽으로 몇 블럭 가면 됩니다. There's one on the right side if you take a few blocks walk.
8 식당가	이 근처에 괜찮은 식당이 있나요? Is there a nice restaurant nearby?	길 건너편에 식당가가 있습니다. There are restaurants across the street.
9 짐 맡김	출발할 때까지 짐을 맡겨도 되나요? ❸ Can I leave my baggages until my departure?	네, 여기에 두시고 성함과 연락처를 적어 주세요. Sure, leave them here and write me your name and contact number.
10 콜택시	공항으로 가려는데 택시 하나 불러 주세요. I'd like to go to the airport and please call a taxi for me.	바로 불러드릴게요. I'll call the taxi right away.

3. 핵심단어

시티맵 map of the city	진열대 stand	오른쪽 right side
근처에 nearby	건너편 across	짐 baggage
출발 departure	연락처 contact number	택시를 부르다 call a taxi

❻ 식사

01 식당 찾기	듣기	☐ ~을 추천해 드릴게요. ☐ ~로 가 보세요. ☐ ~을 아세요?	I will recommend ~ . You could check out ~ . Do you know ~ ?
	말하기	☐ 이 근처에 ~이 있나요? ☐ 이 근처에 ~이 있나요? ☐ ~가 있을까요?	Is there a place nearby ~ ? Are there any ~ nearby? Will there be any ~ ?
02 예약 · 입구	듣기	☐ 몇 분이신가요? ☐ ~정도는 기다려야 할 것 같아요. ☐ ~로 모시겠습니다.	For how many (people) ~ ? You would have to wait for about ~ . I'll bring ~ .
	말하기	☐ ~가 있나요? ☐ 얼마나 ~ 하나요? ☐ ~에 앉고 싶어요.	Do you have ~ available? For how long do we need to ~ ? We'd like to sit by ~ .
03 식사 주문	듣기	☐ ~할 준비가 되셨나요? ☐ ~를 추천합니다. ☐ ~한 게 더 있으신가요?	Are you ready to ~ ? I recomand ~ . Is there anything else I can ~ ?
	말하기	☐ ~을 좀 주세요? ☐ ~의 특별한 것은 무엇인가요? ☐ ~을 주세요.	Could we get ~ ? What is the specialty of ~ ? Can I have ~ ?
04 서비스 요청	듣기	☐ 죄송합니다. ~ 해드리겠습니다. ☐ ~한 게 틀림없어요. ☐ ~을 가져다 드릴게요.	I'm sorry, I'll get ~ . We must have ~ . I'll bring ~ .
	말하기	☐ ~을 정리해 주실래요? ☐ ~데 얼마나 걸리나요? ☐ ~한 게 아닌데요.	Could you clear ~ ? How long will it take to ~ ? This isn't ~ .

여행 영어회화 필수 패턴 실력 테스트

사전체크로 나의 실력을 알아보세요.

05 계산	듣기	☐ ~에서 하시면 됩니다. ☐ ~해야 합니다. ☐ ~을 확인해 보겠습니다.	You can pay it at ~ . You need to ~ . Let us check ~ .
	말하기	☐ ~은 포함된 건가요? ☐ ~한 것 같은데요. ☐ ~해 주세요.	Does this include ~ ? I'm afraid ~ . make out ~ .
06 패스트 푸드점	듣기	☐ ~ 하시겠어요? ☐ 어떤 음료로 ~ 하시겠어요? ☐ 여기서 드시겠어요, 아니면 포장해드릴까요?	Would you like to ~ ? What kind of drink ~ ? For here or to go?
	말하기	☐ ~로 주세요. ☐ 추가로 ~ 주세요. ☐ ~가 왜 이리 오래 걸리나요?	I'll have ~ . Give another ~ . What's taking so long for ~ ?
07 카페	듣기	☐ ~할 준비가 되셨나요? ☐ 어떤 사이즈로 ~할까요? ☐ ~을 어떻게 드릴까요?	Are you ready to ~ ? What size would you ~ ? How would you like to ~ ?
	말하기	☐ ~를 빼고 ~만 ☐ ~로 주세요. ☐ 각각 하나씩 ~ .	With ~ but no ~ . I'll have ~ . One each ~ .
08 술집 · 바	듣기	☐ ~가 있습니다. ☐ 어떤 ~로? ☐ ~을 가져다 드릴게요.	We have ~ . What kind of ~ ? I will get you ~ .
	말하기	☐ ~이 있나요? ☐ ~로 주세요. ☐ ~한 것 같네요.	Are there any ~ ? I'll have ~ . I'm afraid ~ .

01
식당 찾기

1. 핵심패턴 3 — 상대방

이런 표현을 듣게 돼요

① ~을 추천해 드릴게요.   I will recommend ~ .
② ~로 가 보세요.   You could check out ~ .
③ ~을 아세요?   Do you know ~ ?

2. 단계별 핵심대화   상대방   여행자

1 식당가	이 주변에 식당이 모여 있는 곳이 있나요? ❶ Is there a place nearby where restaurants are gathered around?	55번가와 56번가에 미식가를 위한 식당들이 많이 있어요. There are many gourmet restaurants on the 55th an 56th street.
2 한국음식점	이 근처에 한국 음식점이 있나요? Is there any Korean restaurant near here?	이 근처엔 없어요. 조금 걸어가야 합니다. It's not near here. You'll have to walk a little.
3 맛있는 식당	이 근처에 맛있는 식당이 있나요? ❷ Are there any good restaurants nearby?	원하시면 서너 군데 추천해 드릴게요. ❶ I will recommend 3 or 4 restaurants if you want.
4 현지 유명 식당	이곳 사람들이 많이 가는 식당은 어디인가요? What's the restaurant the locals often go?	시장 근처의 식당들로 가 보세요. ❷ You could check out the restaurants near the market.
5 지방 명물 요리점	이 지방의 명물 요리 전문점은 어디인가요? Where's the restaurant offering local specialty foods located?	호텔 모퉁이에 "비바"라는 식당을 아세요? ❸ Do you know the restaurant called "Viva" on the corner of the hotel.

3. 핵심단어

~에 모이다 gather around	미식가 gourmet	한식당 Korean restaurant
조금 걸어가다 walk a little	근처에 nearby	~을 추천하다 recommend
현지의 local	명물 요리 specialty food	~에 위치해 있다 locate

출국 | 기내 | 도착 | 교통 | 호텔 | **식사** | 관광
귀국 | 문제발생 | 편의시설 | 쇼핑 | 엔터테인먼트

1. 핵심패턴 3 ··· 여행자

이렇게 말해보세요

1. 이 근처에 ~이 있나요? — Is there a place nearby ~ ?
2. 이 근처에 ~이 있나요? — Are there any ~ nearby?
3. ~가 있을까요? — Will there be any ~ ?

2. 단계별 핵심대화 상대방 여행자

6 싸고 맛있는 식당	싸고 맛있는 식당이 있을까요? Are there any cheap and nice restaurants?	타임스 스퀘어에 많이 있습니다. There are many on the Times Square.
7 식당 이름으로 찾기	"사라 베스"라는 브런치 식당을 아시나요? Do you know a restaurant called "Sarabeth's" that offers brunch?	예, 유명하죠. 하지만 택시를 타야 합니다. Yes, it's famous. But you will have to take a cab.
8 가벼운 식사	가볍게 식사할 수 있는 곳이 어디에 있나요? Where can I take a light meal?	저기 분식집에 가 보세요. 간단한 요깃거리들이 많아요. Why don't you try that snack restaurants? There are many snacks for a little bite.
9 오픈한 식당	이 시간에 문을 연 식당이 있을까요? ❸ Will there be any restaurants still open at this hour?	호텔 뒷편에 식당들은 아직 열었을 거예요. The restaurants behind the hotel might be still open.
10 책 속 식당	(책을 보이며) 이 식당은 어디에 있나요? (showing a booklet) Where's this restaurant?	이 식당은 부둣가 근처에 있어요. This restaurant is located near the waterfront.

3. 핵심단어

싸다 cheap	맛있는 nice	제공하다 offer
유명한 famous	택시 cab	가벼운 식사 light meal
요깃거리 little bite	~ 뒤에 behind	부둣가 waterfront

02
예약 · 입구

1. 핵심패턴 3 … 상대방

이런 표현을 듣게 돼요

❶ 몇 분이신가요?   For how many (people) ~ ?
❷ ~정도는 기다려야 할 것 같아요.   You would have to wait for about ~ .
❸ ~로 모시겠습니다.   I'll bring ~ .

2. 단계별 핵심대화 상대방 여행자

1 자리 확인	어서오십시오. Welcome!	자리 있나요? ❶ Do you have seats available?
2 몇 분	몇 분이신가요? ❶ For how many (people), sir?	2명입니다. For 2.
3 자리 없음	죄송합니다. 지금은 만석입니다. 잠시 기다리셔야 합니다. Sorry. The seats are full now. You need to wait a while.	얼마나 기다려야 하나요? ❷ For how long do we need to wait?
4 대기 시간	15분 정도는 기다려야 할 것 같아요. ❷ You would have to wait for about 15 minutes.	네, 기다릴게요. OK, we'll wait.
5 대기 명단	대기자 명단에 올려드리겠습니다. 성함이 무엇인가요? I'll put you on a waiting list. What is your name, please?	김예서입니다. My name is YS Kim.

3. 핵심단어

환영하다 welcome	자리 seat	사용 가능한 available
가득찬 full	~ 해야 한다 need to	잠시 기다리다 wait a while
분 minute	올려놓다 put on	대기자 명단 waiting list

출국 > 기내 > 도착 > 교통 > 호텔 > **식사** > 관광
귀국 > 문제발생 > 편의시설 > 쇼핑 > 엔터테인먼트

1. 핵심패턴 3 ··· 여행자

이렇게 말해보세요

❶ ~가 있나요? Do you have ~ available?
❷ 얼마나 ~ 하나요? For how long do we need to ~ ?
❸ ~에 앉고 싶어요. We'd like to sit by ~ .

2. 단계별 핵심대화 상대방 여행자

6 자리 안내	이쪽으로 오십시오. 테이블로 모시겠습니다. Please, Come this way. ❸ I'll bring you to your seats.	창가 자리에 앉고 싶어요. ❸ We'd like to sit by the window.
7 자리 변경	죄송하지만, 지금은 이 자리밖에 없습니다. I'm sorry but these are the only seats available now.	네. 이따가 좋은 자리 나면 바꿔 주세요. OK, but please change the seats once the good seats are available.
8 전망 좋은 자리	전망이 좋은 곳으로 안내해 주세요. Take me to a seat with a nice view.	그럼 2층으로 안내해 드리겠습니다. I'll take you to the 2nd floor, then.
9 조용한 곳	조용한 곳으로 주세요. I want a quiet place.	이쪽으로 오십시오. Please come this way.
10 흡연석	흡연 가능한 자리로 주세요. Give me a table where I can smoke.	이 자리는 흡연 가능합니다. You can smoke at this table.

3. 핵심단어

~로 오다 come	창문 window	일단 once
전망 좋은 곳 nice view	층 floor	그럼 then
조용한 곳 quiet place	이쪽으로 this way	흡연하다 smoke

03
식사 주문

1. 핵심패턴 3 — 상대방

이런 표현을 듣게 돼요

① ~할 준비가 되셨나요?   Are you ready to ~ ?
② ~를 추천합니다.   I recomand ~ .
③ ~한 게 더 있으신가요?   Is there anything else I can ~ ?

2. 단계별 핵심대화 상대방   여행자

1 메뉴	여기 메뉴판 좀 주세요? ❶ Could we get a menu, please?	네. 여기 있습니다. Of course, here you are.
2 주문	지금 주문할 준비가 되셨나요? ❶ Are you ready to order now?	아직 정하지 못했어요. No, I haven't decided yet.
3 오늘의 요리	오늘의 특별 요리는 무엇인가요? What's the special for today?	크림소스를 곁들인 연어 스테이크입니다. It's a salmon steak with cream sauce.
4 추천 메뉴	어떤 것을 추천하시나요? What do you recommend?	참치 샌드위치를 추천합니다. ❷ I recomand tuna sandwich.
5 잘하는 요리	이 집이 잘하는 요리는 무엇인가요? ❷ What is the specialty of the house?	저희 집은 해산물 요리에 자신이 있습니다. We take pride in seafoods.

3. 핵심단어

~할 준비가 되다 ready to	결정하다 decide	특별 요리 special
연어 salmon	추천하다 recommend	참치 tuna
잘하는 요리 specialty	~에 자신 있다 take pride in	해산물 seafood

출국 > 기내 > 도착 > 교통 > 호텔 > 식사 > 관광
귀국 > 문제발생 > 편의시설 > 쇼핑 > 엔터테인먼트

1. 핵심패턴 3 ... 여행자

이렇게 말해보세요

① ~을 좀 주세요? Could we get ~ ?
② ~의 특별한 것은 무엇인가요? What is the specialty of ~ ?
③ ~을 주세요. Can I have ~ ?

2. 단계별 핵심대화   상대방 여행자

6 빨리 되는 요리	가장 빨리 되는 요리는 뭔가요? What's the fastest dish you can serve?	단연코 면 요리입니다. Definitely, noodles.
7 요리 주문	저것과 같은 요리를 주시겠어요? ❸ Can I have the same dish like that?	알겠습니다. 하지만 시간이 좀 걸립니다. Of course, but it will take some time.
8 추가 주문 (1)	다른 주문이 있으시나요? Would you like anything else?	일단 그게 전부입니다. That will be all for now.
9 추가 주문 (2)	뭐 더 필요한 것 있으신가요? ❸ Is there anything else I can get for you?	스파게티 1개 추가해 주세요. I'd like another plate of spaghetti.
10 디저트	디저트는 무엇으로 하시겠습니까? What would you like for dessert?	커피로 주세요. Just coffee, please.

113

3. 핵심단어

가장 빠른 것 the fastest	요리 dish	단연코 deafinitely
면 요리 noodles	시간이 좀 걸리다 take some time	다른 것 anything else
또 하나의 another	접시 plate	디저트 dessert

04
서비스 요청

1. 핵심패턴 3 ... 상대방
이런 표현을 듣게 돼요

- ❶ 죄송합니다. ~ 해드리겠습니다. — I'm sorry, I'll get ~ .
- ❷ ~한 게 틀림없어요. — We must have ~ .
- ❸ ~을 가져다 드릴게요. — I'll bring ~ .

2. 단계별 핵심대화 상대방 / 여행자

1. 테이블 정리	테이블 좀 정리해 주실래요? ❶ Could you clear the table, please?	네, 바로 치워드리겠습니다. Sure, right away.
2. 요리 시간	요리를 준비하는 데 얼마나 걸리나요? ❷ How long will it take to prepare the dish?	10분 정도면 됩니다. About ten minute or so.
3. 더 익혀서	좀 덜 익은 것 같아요. 좀 더 익혀 주세요? This seems undercooked. Could you cook this a little longer?	네, 그렇게 해드리겠습니다. Sure, as you wish.
4. 상한 음식	이 음식이 상한 것 같아요. I think this food has gone bad.	죄송합니다. 새로 해드리겠습니다. ❶ I'm sorry, I'll get you a new one.
5. 주문 착오 (1)	이 음식을 주문하지 않았어요. We did not order this food!	미안합니다. 저희가 실수했습니다. Sorry, ❷ we must have made a mistake.

3. 핵심단어

테이블을 정리하다 clear the table	바로 right away	준비하다 prepare
요리 dish	~ 정도 or so	~인 것 같다 seem
덜 익다 undercooked	익히다 cook	상하다 go bad

| 출국 | 기내 | 도착 | 교통 | 호텔 | **식사** | 관광 |
| 귀국 | 문제발생 | 편의시설 | 쇼핑 | 엔터테인먼트 | | |

1. 핵심패턴 3 여행자

이렇게 말해보세요

- ❶ ~을 정리해 주실래요? Could you clear ~ ?
- ❷ ~데 얼마나 걸리나요? How long will it take to ~ ?
- ❸ ~한 게 아닌데요. This isn't ~ .

2. 단계별 핵심대화 상대방 여행자

6 주문착오 (2)	이건 제가 주문한 게 아닌데요. ❸ This isn't what I've ordered.		정말 죄송합니다. 주문하신 음식을 바로 가져다 드릴게요. I'm very sorry. I'll get your order right away.
7 컵 하나 더	컵이 깨졌네요. 컵 하나 새로 갖다 주실래요? This cup's broken. Could you bring me a new cup?		죄송합니다. 다른 걸로 가져다 드릴게요. Sorry about that. ❸ I'll bring you another one.
8 포크 하나 더	포크 하나 더 가져다 주세요. 떨어뜨렸어요. Could I get another fork? Mine fell.		그러겠습니다. 바로 가져다 드리겠습니다. Of course. I'll get you another one right away.
9 앞접시 하나 더	앞접시 하나 더 주시겠어요? Can I get an extra plate?		네. 바로 가져다 드리겠습니다. Sure. I'll bring one right away.
10 물수건	물수건 좀 주실래요? Can I have a wet towel?		네. 여기 있습니다. Sure, here you go.

3. 핵심단어

주문하다 order	가져오다 get	깨지다 break
하나 더 another one	나의 것 mine	떨어지다 fell
앞접시 extra plate	물수건 wet towel	여기 있습니다 here you go

05 계산

1. 핵심패턴 3 — 상대방

이런 표현을 듣게 돼요

1. ~에서 하시면 됩니다.   You can pay it at ~ .
2. ~해야 합니다.   You need to ~ .
3. ~을 확인해 보겠습니다.   Let us check ~ .

2. 단계별 핵심대화 — 상대방 / 여행자

1	계산 카운터	계산은 어디서 하나요? Where do I pay?	저 입구 카운터에서 하시면 됩니다. ❶ You can pay it at the counter by the entrance.
2	계산서	계산서 주세요. Can I have the check, please?	여기 있습니다. Here you are.
3	총 금액	전부해서 얼마인가요? How much is it altogether?	총 120달러입니다. The total is 120 dollars.
4	세부 항목	이 요금은 무엇인가요? What's this charge for?	그것은 부가세입니다. That's the value-added tax.
5	팁	팁은 포함된 건가요? ❶ Does this include the tip?	아니요. 팁은 따로 주셔야 합니다. No, ❷ you need to give the tip separately.

3. 핵심단어

계산하다 pay	카운터 counter	입구 entrance
계산서 check	전부해서 altogether	총합 total
지불하다 charge	부가세 value-added tax	따로 seperately

출국	기내	도착	교통	호텔	**식사**	관광
귀국	문제발생	편의시설	쇼핑	엔터테인먼트		

1. 핵심패턴 3 — 여행자

이렇게 말해보세요

- ① ~은 포함된 건가요? — Does this include ~ ?
- ② ~한 것 같은데요. — I'm afraid ~ .
- ③ ~해 주세요. — make out ~ .

2. 단계별 핵심대화 상대방 여행자

	상대방	여행자
6 계산서 오류	계산이 틀린 것 같은데요. ❷ I'm afraid the calculation is wrong.	다시 한번 확인해 보겠습니다. Oh, ❸ let us check again.
7 모두 계산	모두 같이 계산해 주세요. Please, ❸ make out one bill for all of us.	네. 알겠습니다. Yes, Sir.
8 나눠서 지불	계산서를 나눠 주세요. Make out separate checks, please.	네. 그럴게요. Sure, if you like.
9 계산 방법	신용카드로 계산해도 되나요? Do you take credit cards?	물론입니다. 여기에 서명해 주시겠어요? Of course. Just sign here.
10 영수증	영수증을 주시겠어요? Can you write out a receipt?	여기 있습니다. Here you are.

3. 핵심단어

~한 것 같다 afraid	계산 calculation	틀린 wrong
~해 주다 make out	계산서 bill	나누다 separate
서명하다 sign	써 주다 write out	영수증 receipt

06
패스트푸드점

1. 핵심패턴 3 ··· 상대방

이런 표현을 듣게 돼요

1. ~ 하시겠어요? — Would you like to ~ ?
2. 어떤 음료로 ~ 하시겠어요? — What kind of drink ~ ?
3. 여기서 드시겠어요, 아니면 포장해드릴까요? — For here or to go?

2. 단계별 핵심대화 상대방 / 여행자

1 주문	맥도날드에 오신 것을 환영합니다. 주문하시겠어요? Welcom to McDonald's. ❶ Would you like to order?	빅맥 세트 2개 주세요. ❶ I'll have 2 Bic Mac sets.
2 음료 주문	어떤 음료로 하시겠어요? ❷ What kind of drink would you like?	얼음 넣지 않은 콜라로 주세요. I'll have coke without ice.
3 사이즈	어떤 사이즈로 하시겠습니까? Which size would you like?	L(M/S) 사이즈를 주세요. Large(Medium/Small), please.
4 추가 주문	더 필요하신 게 있으신가요? Do you need anything else?	감자튀김도 하나 추가해 주세요. ❷ Give another French fries, please.
5 테이크 아웃	여기서 드시겠어요, 아니면 포장해드릴까요? ❸ For here or to go?	가지고 가겠습니다. To go, please.

3. 핵심단어

주문하다 order	~종류의 kind of	콜라 coke
~없이 without	중간 사이즈 medium	다른 것 anything else
감자튀김 French fries	여기서 먹다 for here	포장하다 to go

출국 〉 기내 〉 도착 〉 교통 〉 호텔 〉 **식사** 〉 관광 〉
귀국 〉 문제발생 〉 편의시설 〉 쇼핑 〉 엔터테인먼트 〉

1. 핵심패턴 3 · 여행자   이렇게 말해보세요 ⭕

① ~로 주세요.   I'll have ~ .
② 추가로 ~ 주세요.   Give another ~ .
③ ~가 왜 이리 오래 걸리나요?   What's taking so long for ~ ?

2. 단계별 핵심대화   상대방   여행자

6 주문 상세	겨자와 양파를 넣을까요? How about mustard and onion?	겨자는 넣지 마세요. No mustard, please.
7 추가 요구	케첩을 더 주시겠어요? Can you give me some more ketchups?	여기 있습니다. Here you go.
8 대기 시간	얼마나 기다려야 하나요? How long do we have to wait?	5분 정도 기다리셔야 합니다. Please wait about 5 minutes.
9 음식 지연	제 햄버거가 왜 이리 오래 걸리나요? ❸ What's taking so long for my hamburger?	조금만 기다리시면 바로 나올 거예요. It should be up in a short while.
10 리필 요청	리필 좀 해 주시겠어요? Can I get a refill, please?	그럼요. No problem.

3. 핵심단어

겨자 mustard	양파 onion	좀 더 some more
케첩 ketchup	~해야만 한다 have to	오래 걸리다 take so long
조금만 in a short while	추가해 주다 refill	그럼요 No problem

07
카페

1. 핵심패턴 3 ··· 상대방 이런 표현을 듣게 돼요

- ❶ ~할 준비가 되셨나요? Are you ready to ~ ?
- ❷ 어떤 사이즈로 ~할까요? What size would you ~ ?
- ❸ ~을 어떻게 드릴까요? How would you like to ~ ?

2. 단계별 핵심대화 상대방 여행자

1 음료 주문	주문할 준비가 되셨나요? ❶ Are you ready to order?	커피 1잔 주세요. A cup of coffee, please.
2 음료 선택	뜨거운 걸로 드릴까요, 차가운 걸로 드릴까요? Hot or iced?	차가운 것으로 주세요. Iced one, please.
3 사이즈	어떤 사이즈로 드릴까요? ❷ What size would you like?	큰 사이즈로 주세요. Large, please.
4 농도	연하게 드릴까요? 진하게 드릴까요? ❸ How would you like to have it? Mild or Strong?	진하게 주세요. Strong, please.
5 크림·설탕	크림과 설탕을 넣을까요? With cream and sugar?	크림은 빼고 설탕만 넣어 주세요. ❶ With sugar but no cream, please.

3. 핵심단어

~할 준비가 되다 be ready to	주문하다 order	1잔의 a cup of
뜨거운 hot	차가운 iced	큰 사이즈 large
연한 mild	진한 strong	(우유로 만든) 크림 cream

출국 〉 기내 〉 도착 〉 교통 〉 호텔 〉 식사 〉 관광
귀국 〉 문제발생 〉 편의시설 〉 쇼핑 〉 엔터테인먼트

1. 핵심패턴 3 ··· 여행자

이렇게 말해보세요

① ~를 빼고 ~만   With ~ but no ~.
② ~로 주세요.   I'll have ~.
③ 각각 하나씩 ~   One each ~.

2. 단계별 핵심대화 상대방 여행자

6	휘핑크림	커피에 휘핑크림을 넣어 드릴까요? Would you like your coffee with whipped cream?	아니오. 괜찮습니다. No, thank you.
7	생과일 주스	생과일 주스는 뭐가 있나요? What kind of fresh juices do you have?	오렌지, 키위, 토마토 주스가 있습니다. We have orange, kiwi and tomato juices.
8	아이스크림	아이스크림 2스쿱 주세요. ② I'll have two scoops of ice cream, please.	섞어서 드릴까요? 1가지로 드릴까요? Mixed or single?
9	맛	무슨 맛으로 드릴까요? What flavors would you like?	바닐라와 민트로 주세요. Vanila and mint.
10	컵·콘	컵으로 드릴까요, 콘으로 드릴까요? In a cup or cone?	각각 하나씩 주세요. ③ One each, please.

121

3. 핵심단어

감사하다 thank	생과일 주스 fresh juice	숟가락 scoop
섞인 mixed	1가지 single	맛 flavor
바닐라 vanila	콘 cone	각각 each

08
술집 · 바

1. 핵심패턴 3 ··· 상대방

이런 표현을 듣게 돼요

1. ~가 있습니다. — We have ~ .
2. 어떤 ~로? — What kind of ~ ?
3. ~을 가져다 드릴게요. — I will get you ~ .

2. 단계별 핵심대화   상대방 / 여행자

	상대방	여행자
1 술집 추천	이 근처에 분위기 좋은 술집이 있나요? ❶ Are there any bars with a nice atmosphere around here?	길 건너편에 바가 많이 있어요. There are many bars across the street.
2 신분증 확인	미성년자는 출입이 안 됩니다. 신분증을 보여 주세요. No minors are allowed in. Let me see your ID.	여기 있습니다. 올해 저는 25살입니다. Here it is. I am 25 this year.
3 술 종류	술은 어떤 게 있나요? Do you serve alcohol?	와인과 맥주가 있습니다. ❶ We have wine and beer.
4 맥주 종류	어떤 맥주를 드시겠습니까? ❷ What kind of beer would you like?	하이네켄으로 주세요. ❸ I'll have Heineken.
5 안주	안주는 무엇으로 하시겠습니까? Anything for a snack?	나초와 소시지를 주세요. Nacho and Sausage, please.

3. 핵심단어

분위기 atmosphere	길 건너편 across the street	미성년자 minor
들어오게 하다 allow	신분증 ID	술 alcohol
스낵 snack	나초(멕시코 요리의 일종) nacho	소시지 sausage

| 출국 | 기내 | 도착 | 교통 | 호텔 | 식사 | 관광 |
| 귀국 | 문제발생 | 편의시설 | 쇼핑 | 엔터테인먼트 |

1. 핵심패턴 3 여행자

이렇게 말해보세요

1. ~이 있나요? — Are there any ~ ?
2. ~로 주세요. — I'll have ~ .
3. ~한 것 같네요. — I'm afraid ~ .

2. 단계별 핵심대화 상대방 여행자

#	상황	상대방	여행자
6	교환	이 맥주는 시원하지가 않네요. 시원한 걸로 바꿔 주세요. **I'm afraid** this beer is not cold. Give me a colder one.	다른 것으로 가져다 드릴게요. **I will get you** another one.
7	1병 더	1병 더 주세요. Another bottle, please.	6달러입니다. That will be 6 dollars.
8	주문 변경	방금 시킨 병맥주를 취소하고 생맥주로 1잔 주세요. Please cancel the bottled beer I just ordered and give me a glass of draft beer.	네, 그렇게 드릴게요. OK, as you wish!
9	술 한잔	제가 술 한잔 사도 될까요? Can I buy you a drink?	물론이죠. 저는 보드카 크렌베리로 할게요. Sure. I will have vodka cranberry.
10	건배	자, 모두 한잔 합시다. Here's to us.	건배합시다. Cheers!

3. 핵심단어

더 시원한 colder	다른 하나 another	취소하다 cancel
병맥주 bottled beer	주문하다 order	1잔의 a glass of
생맥주 draft beer	술을 사다 buy a drink	건배 cheers

❼ 관광

01 관광 정보	듣기	☐ ~가 근처에 있어요. ☐ ~을 가져가셔도 됩니다. ☐ ~가 있어요.	It's located near ~ . You can take ~ . There are ~ .
	말하기	☐ ~으로 어떤 것들이 있나요? ☐ ~을 추천해 주시겠어요? ☐ 제일 인기 있는 ~가 어디인가요?	What kind of ~ do you have? Can you recommend ~ ? Where are the most popular ~ ?
02 관광 예약	듣기	☐ ~을 보세요. ☐ ~를 준비해 오세요. ☐ ~이 제공됩니다.	take a look at ~ . You should bring ~ . ~ will be provided.
	말하기	☐ ~가 포함된 ~인가요? ☐ 얼마나 자주 ~ ? ☐ ~와서 ~해 주시나요?	Does ~ include ~ ? How often ~ ? Can you come to ~ ?
03 가이드 안내	듣기	☐ ~에 주의를 기울여 주세요. ☐ ~로 모이세요. ☐ ~ 하지 마세요.	Please pay attention to ~ . Please gather ~ . Don't get ~ .
	말하기	☐ ~가 잘 안 들려요. ☐ ~해 주세요. ☐ ~은 몇 시부터입니까?	I can hardly hear ~ . Will you ~ ? What time does ~ ?
04 버스 투어	듣기	☐ 1인당 ~입니다. ☐ ~을 추천합니다. ☐ ~쯤 돌아올 예정입니다.	It's ~ per person. I recommend ~ . We are expected to be back by ~ .
	말하기	☐ ~에는 어떤 것이 포함되나요? ☐ 몇 시에 ~ 하나요? ☐ ~은 시간이 얼마나 걸리나요?	What are included in ~ ? What time will ~ ? How long does ~ take?

여행 영어회화
필수 패턴 실력 테스트
사전체크로 나의 실력을 알아보세요.

05 관광지 에서	듣기	☐ ~까지는 돌아오셔야 합니다. ☐ ~에 구입할 수 있습니다. ☐ 이것은 ~의 상징입니다.	Please be back by ~ . You can buy it for ~ . This symbolizes ~ .
	말하기	☐ 언제까지 ~해야 하나요? ☐ ~용 팸플릿이 있나요? ☐ ~할 만한 재미있는 것이 있나요?	Until when should we ~ ? Do you have any pamphlets for ~ ? What are the attractions worth ~ ?
06 유람선	듣기	☐ ~정도 걸립니다. ☐ ~이 필요하시나요? ☐ ~정도면 도착할 거예요.	It will take about ~ . Do you need ~ ? I'll be there in about ~ .
	말하기	☐ ~까지 얼마나 걸리나요? ☐ ~할까 봐 걱정이에요. ☐ ~까지는 얼마나 남았나요?	How long does it take to get to ~ ? I'm afraid of ~ . How long before ~ ?
07 박물관 · 미술관	듣기	☐ ~에서도 많은 사람들이 옵니다. ☐ ~을 빌릴 수 있습니다. ☐ ~하시면 출구를 찾을 수 있습니다.	We have many visitors from ~ . You can rent ~ . You can find the exit if ~ .
	말하기	☐ ~를 보여 주세요. ☐ ~가 있나요? ☐ ~는 어디인가요?	Show me ~ . Are there any ~ ? Where is ~ ?
08 사진 촬영	듣기	☐ ~하기만 하면 괜찮습니다. ☐ ~세고 ~할게요. ☐ 기꺼이요.	It's OK as long as ~ . I'll count ~ and ~ . I'd be glad to.
	말하기	☐ ~ 사진을 찍어도 되나요? ☐ ~을 찍어 주세요. ☐ ~해도 될까요?	Can I take pictures ~ ? Please take a picture ~ . Do you mind ~ ?

01
관광 정보

1. 핵심패턴 3 — 상대방

이런 표현을 듣게 돼요

❶ ~가 근처에 있어요.	It's located near ~ .
❷ ~을 가져가셔도 됩니다.	You can take ~ .
❸ ~가 있어요.	There are ~ .

2. 단계별 핵심대화 상대방 여행자

1 관광 안내소	관광 안내소가 어디 있나요? Where's the tourist information center?	저쪽 6번 입구 근처에 있어요. ❶ It's located near No. 6 entrance over there.
2 관광 정보	이 지역 관광 정보를 좀 얻을 수 있을까요? Can I get some information for the tour of this area?	저기 이 도시의 관광 지도가 있으니 참고하세요. There is a Tourist Map, you can check that on.
3 관광 안내 팸플릿	이 도시의 관광안내 팸플릿이 있나요? Do you have a tourist guide brochure of this town?	네, 여기 있어요. 가져가셔도 됩니다. Yes, here you go. ❷ You can take it with you.
4 관광 지도	관광 지도 있나요? Do you have a tourist map?	네, 이 지도에 상세하게 나와 있습니다. Yes, this one's in detail.
5 시내 지도	시내 지도 있나요? Do you have a city map?	네, 여기 있습니다. Yes, here it is.

3. 핵심단어

관광객 tourist	안내소 information center	위치하다 locate
입구 entrance	안내원 guide	~을 가져가다 take
관광 지도 tourist map	상세하게 in detail	지도 map

출국   기내   도착   교통   호텔   식사   **관광**
귀국   문제발생   편의시설   쇼핑   엔터테인먼트

1. 핵심패턴 3 — 여행자

이렇게 말해보세요

① ~으로 어떤 것들이 있나요?   What kind of ~ do you have?
② ~을 추천해 주시겠어요?   Can you recommend ~ ?
③ 제일 인기 있는 ~가 어디인가요?   Where are the most popular ~ ?

2. 단계별 핵심대화   상대방   여행자

6 관광상품	관광상품으로 어떤 것들이 있나요? ❶ What kind of tour packages do you have?	여기 관광상품 리스트를 참고하십시오. Please refer to the tour package list here.
7 1일관광	1일관광 상품이 있나요? Do you have a one-day tour package?	몇 개 코스가 준비되어 있습니다. Several courses are being arranged.
8 주요 관광지	이 도시의 주요 관광지를 추천해 주시겠어요? ❷ Can you recommend me major tourist attractions in this city?	볼 만한 곳이 아주 많아요. 안내책자를 드릴게요. ❸ There are so many to see! Let me give you a guidebook.
9 인기 있는 관광지	제일 인기 있는 관광지가 어디인가요? ❸ Where are the most popular tourist spots?	자유의 여신상, 세인트 존 성당, 록펠러센터 등입니다. The Statue of Liberty, Saint John's Cathedral, the Rockefeller Center and so on.
10 할 만한 것	제가 체류하는 동안 어떤 것을 추천하겠습니까? What would you recommend me for my stay?	뮤지컬을 구경하기 위해 브로드웨이를 방문하면 어떨까요? How about visiting Broadway for musical shows?

3. 핵심단어

관광상품 tour package	참고하다 refer to	1일 one-day
몇 개 several	관광지 tourist attraction	안내책자 guidebook
인기 있는 popular	조각상 statue	자유 liberty

02
관광 예약

1. 핵심패턴 3 — 상대방

이런 표현을 듣게 돼요

❶ ~을 보세요.	take a look at ~.
❷ ~를 준비해 오세요.	You should bring ~.
❸ ~이 제공됩니다.	~ will be provided.

2. 단계별 핵심대화 상대방 / 여행자

1 관광 신청	1일유람을 신청하고 싶어요. I'd like to take 1-day sightseeing.	여기 관광 프로그램을 보세요. Sure, ❶ take a look at these tour programs.
2 출발 시간	몇 시에 떠나나요? When do we leave?	10시에 떠납니다. At 10 o'clock.
3 소요 시간	이 여행 프로그램은 시간이 얼마나 걸리나요? How long does the tour program last?	1시간 걸립니다. It will take one hour.
4 준비물	미리 준비해야 할 것이 있나요? What should I bring?	선크림과 모자 그리고 물을 준비해 오세요. ❷ You should bring sun block, a hat, and water.
5 귀가 시간	몇 시에 돌아오나요? When do we come back?	오후 3시까지 돌아올거에요. We will be back by 3 pm.

3. 핵심단어

유람 sightseeing	~을 보다 take a look	관광 프로그램 tour program
떠나다 leave	걸리다 last	시간이 걸리다 take
가져오다 bring	선크림 sun block	돌아오다 come back

출국 > 기내 > 도착 > 교통 > 호텔 > 식사 > 관광
귀국 > 문제발생 > 편의시설 > 쇼핑 > 엔터테인먼트

1. 핵심패턴 3 ··· 여행자

이렇게 말해보세요

① ~가 포함된 ~인가요?   Does ~ include ~ ?
② 얼마나 자주 ~ ?   How often ~ ?
③ ~와서 ~해 주시나요?   Can you come to ~ ?

2. 단계별 핵심대화   상대방   여행자

6 비용	1인당 비용은 얼마인가요? What's the rate per person?	40달러입니다. That will be 40 dollars.
7 식사 포함	식사가 포함된 가격인가요? ❶ <u>Does</u> the price <u>include</u> meals?	간단한 스낵이 제공됩니다. Some snacks ❸ <u>will be provided</u>.
8 자유 시간	자유 시간을 주나요? Do we get a free time?	물론입니다. Of course.
9 다음 시간	얼마나 자주 출발하시나요? ❷ <u>How often</u> do you depart?	30분에 1팀씩 출발합니다. I will start one team in 30 minutes.
10 호텔 픽업	호텔로 픽업을 해 주시나요? ❸ <u>Can you come to</u> take me at the hotel?	그럼요. No problem!

3. 핵심단어

요금 rate	1인당 per person	포함하다 include
식사 meal	제공하다 provide	자유시간 free time
자주 often	출발하다 depart	픽업하다 come to take

03
가이드 안내

1. 핵심패턴 3 ··· 상대방   이런 표현을 듣게 돼요

❶ ~에 주의를 기울여 주세요.	Please pay attention to ~ .
❷ ~로 모이세요.	Please gather ~ .
❸ ~ 하지 마세요.	Don't get ~ .

2. 단계별 핵심대화 상대방   여행자

	상대방	여행자
1 가이드 설명 (1)	안내자의 말에 귀를 기울여 주세요. ❶ Please pay attention to the guide.	잘 안 들려요. 크게 말씀해 주세요. ❶ I can hardly hear the guide. Could you speak louder?
2 가이드 설명 (2)	오른쪽에 보이는 것이 시청입니다. You can see the city hall on your right.	꽤 크네요! That's quite huge!
3 가이드 설명 (3)	저를 따라오세요. Come, follow me.	좀 천천히 가 주세요. ❷ Will you slow down a little?
4 이동	다음 장소로 이동하겠습니다. Our next stop is the Wall streat.	휴식시간은 몇 시부터 입니까? ❸ What time does the break start?
5 정차 시간	20분 동안 정차할 것이니 화장실 다녀오세요. We stop for 20 minutes here. You can go to the restroom.	꼭 기다려 주세요. Please, be sure to wait for me.

3. 핵심단어

귀를 기울이다 pay attention to	거의 ~할 수 없다 hardly	시청 city hall
거대한 huge	따라가다 follow	천천히 가다 slow down
다음 장소 next spot	휴식시간 break	꼭 ~하세요 be sure to

출국	기내	도착	교통	호텔	식사	관광
귀국	문제발생	편의시설	쇼핑	엔터테인먼트		

1. 핵심패턴 3 … 여행자

이렇게 말해보세요

❶	~가 잘 안 들려요.	I can hardly hear ~ .
❷	~해 주세요.	Will you ~ ?
❸	~은 몇 시부터 입니까?	What time does ~ ?

2. 단계별 핵심대화 상대방 여행자

6 자유 시간	20분 동안 자유시간이니 3시 정각에 다시 이쪽으로 모이세요. The free time is for 20 minutes. ❷ Please gather here again at 3 sharp.	빨리 움직여야 겠네요! We should move fast!
7 화장실	근처에 무료 화장실이 있나요? Is there a free restroom around here?	네, 여기 있는 모든 화장실은 무료예요. Yes, all the restrooms are free of charge.
8 출입 금지	여기는 출입 금지 지역입니다. This area is off-limit.	몰랐습니다. 죄송합니다. I did not know. Sorry.
9 주의 사항 (1)	너무 가까이 가지 마세요. ❸ Don't get too close to it.	죄송합니다. I'm sorry.
10 주의 사항 (2)	손대지 마세요. Please don't touch it.	몰랐어요. 미안합니다. Sorry, I didn't know

3. 핵심단어

모이다 gather	정각 sharp	빨리 fast
무료 화장실 free restroom	근처에 around here	무료 free of charge
출입 금지 off-limit	가까운 close	만지다 touch

04 버스투어

1. 핵심패턴 3 ··· 상대방

이런 표현을 듣게 돼요

1. 1인당 ~입니다. It's ~ per person.
2. ~을 추천합니다. I recommend ~ .
3. ~쯤 돌아올 예정입니다. We are expected to be back by ~ .

2. 단계별 핵심대화 상대방 여행자

1 시내 관광버스	시내 관광버스가 있나요? Do you have a city tour bus?	네, 몇 가지 코스가 있어요. Yes, for many different routes.
2 관광 상품	관광상품에는 어떤 것이 포함되나요? ❶ What are included in the tour?	교통, 가이드, 그리고 점심식사가 포함됩니다. Transportation, guide, and lunch are provided.
3 관광 비용	시내 관광은 얼마인가요? How much is the city tour?	1인당 50달러입니다. ❶ It's 50 dollars <u>per person</u>.
4 시내 관광 투어	시내 관광투어를 하고 싶어요. I'd like to take a city tour.	어떤 코스를 참가하실지 선택하세요. Please choose in which course (package) you'd like to participate.
5 관광 코스	관광코스를 추천해 주시겠어요? Can you recommend a tour?	"처음 방문자" 프로그램을 추천합니다. ❷ I recommend you the "First-time Vsitor" program.

3. 핵심단어

시내 관광버스 city tour bus	다른 different	코스 route
포함하다 include	관광 tour	1인당 per person
선택하다 choose	참가하다 participate	추천하다 recommend

출국	기내	도착	교통	호텔	식사	관광
귀국	문제발생	편의시설	쇼핑	엔터테인먼트		

1. 핵심패턴 3 ··· 여행자

이렇게 말해보세요

① ~에는 어떤 것이 포함되나요?   What are included in ~ ?
② 몇 시에 ~ 하나요?   What time will ~ ?
③ ~은 시간이 얼마나 걸리나요?   How long does ~ take?

2. 단계별 핵심대화   상대방   여행자

		상대방	여행자
6	출발 일정	몇 시에 어디서 출발하나요? When and Where does it leave?	9시 20분에 프라자 호텔 앞에서 출발합니다. Get on a bus in front of the Plaza hotel at 9:20.
7	귀가 시간	몇 시쯤 돌아오나요? ❷ What time will we be back?	대략 오후 5시쯤 돌아올 예정입니다. ❸ We are expected to be back by around 5 p.m.
8	관광 소요 시간	그 관광코스는 시간이 얼마나 걸리나요? ❸ How long does the tour take?	약 6시간 걸립니다. About 6 hours.
9	가이드	가이드가 있나요? Do you have a guide?	예, 하지만 모두 영어가이드들입니다. Yes, but all the guides are English-speaking people.
10	식사 포함	식사가 포함되어 있나요? Are any meals included?	점심만 포함되어 있습니다. Only lunch is included.

3. 핵심단어

출발하다 leave	~앞에 in front of	돌아오다 be back
~할 예정이다 be expect to	약 about	가이드 guide
영어를 말하는 English-speaking	식사 meal	포함하다 include

05
관광지에서

1. 핵심패턴 3 ··· 상대방

이런 표현을 듣게 돼요 🎧

① ~까지는 돌아오셔야 합니다.   Please be back by ~ .
② ~에 구입할 수 있습니다.   You can buy it for ~ .
③ 이것은 ~의 상징입니다.   This symbolizes ~ .

2. 단계별 핵심대화 상대방 여행자

	여행자	상대방
1 할 만한 것	당일치기로 갈 수 있는 곳이 있나요? Where can I go for a day trip?	브루클린 브릿지를 보고 소호에 들러 보세요. Try the Brooklyn Bridge first and then visit Soho.
2 관광 시간	여기서 얼마나 걸리나요? How long do we stop here?	1시간 동안 둘러보시고, 저기 버스정류장으로 오십시오. Look around for an hour and come to the bus station over there.
3 돌아올 시간	언제까지 돌아와야 하나요? ❶ Until when should we be back?	2시 30분까지는 돌아오셔야 합니다. ❶ Please be back by 2:30.
4 입장권 구매	어른 2장 주세요. Can I have two adult tickets?	50달러입니다. That will be 50 dollars.
5 관광 팸플릿	여행객용 팸플릿이 있나요? ❷ Do you have any pamphlets for the tourists?	1부에 2달러에 구입할 수 있습니다. ❷ You can buy it for 2 dollars each.

3. 핵심단어

당일치기 day trip	다리 bridge	먼저 first
~까지 until	돌아오다 be back	어른 adult
팸플릿 pamphlet	여행객 tourist	각각 each

출국 〉 기내 〉 도착 〉 교통 〉 호텔 〉 식사 〉 관광

귀국 〉 문제발생 〉 편의시설 〉 쇼핑 〉 엔터테인먼트

1. 핵심패턴 3 — 여행자

이렇게 말해보세요

1. 언제까지 ~해야 하나요? — Until when should we ~ ?
2. ~용 팸플릿이 있나요? — Do you have any pamphlets for ~?
3. ~할 만한 재미있는 것이 있나요? — What are the attractions worth ~ ?

2. 단계별 핵심대화 상대방 여행자

#	구분	여행자	상대방
6	볼 만한 것	볼 만한 재미있는 것이 있나요? ❸ What are the attractions worth seeing?	안쪽으로 들어가시면 유명한 건축물이 있습니다. There's a famous building if you go inside.
7	건물 용도	저 건물은 무엇인가요? What is that building?	저건 뉴욕의 기념비적인 건물입니다. That's the monumental building of New York.
8	유적지	이 건물은 왜 유명한가요? Why is this building so famous?	이것은 전 세계 평화의 상징입니다. ❸ This symbolizes whole world peace.
9	시내 관광	시내 관광을 하고 싶어요. I'd like to take a city tour.	몇 가지 코스가 있습니다. 어느 것으로 하시겠습니까? We have several route options. Which one would you like to take?
10	가이드	한국어 가이드가 있나요? Is there a Korean guide?	네. 바로 불러드릴게요. Yes, I will call one immediately.

3. 핵심단어

재미있는 것 attraction	~할 만하다 worth ~ing	유명한 famous
안쪽으로 들어가다 go inside	기념비적인 monumental	상징하다 symbolize
평화 peace	선택권 option	바로 immediately

06
유람선

1. 핵심패턴 3 ··· 상대방

이런 표현을 듣게 돼요

❶ ~정도 걸립니다.	It will take about ~ .
❷ ~이 필요하시나요?	Do you need ~ .
❸ ~정도면 도착할 거예요.	I'll be there in about ~ .

2. 단계별 핵심대화 상대방 / 여행자

1	유람선	유람선 선착장은 어디에 있나요? Where is the cruise ship dock?	저쪽 부두로 가시면 있어요. You can go to that pier.
2	승선 위치	매표소는 어디인가요? Where is the ticket office?	저쪽에 있습니다. Over there.
3	승선 시간	승선 시간표는 어디있나요? Where is the timetable for boarding?	여기 시간표를 참고하세요. Here is the timetable.
4	티켓 구매	자유의 여신상행 성인 2장 왕복으로 주세요. Statue of Liberty I would like two adult round trips.	여기 있습니다. Here it is.
5	소요 시간	자유의 여신상까지 얼마나 걸리나요? ❶ How long does it take to get to the Statue of Liberty?	약 40분 정도 걸립니다. ❶ It will take about 40 minutes.

3. 핵심단어

유람선	선착장	부두
cruise ship	dock	pier
매표소	저기	시간표
ticket office	over there	timetable
승선	왕복	동상
boarding	round trip	statue

출국 > 기내 > 도착 > 교통 > 호텔 > 식사 > 관광
귀국 < 문제발생 < 편의시설 < 쇼핑 < 엔터테인먼트

1. 핵심패턴 3 · 여행자

이렇게 말해보세요

① ~까지 얼마나 걸리나요?   How long does it take to get to ~ ?
② ~할까 봐 걱정이에요.   I'm afraid of ~ .
③ ~까지는 얼마나 남았나요?   How long before ~ ?

2. 단계별 핵심대화 상대방 여행자

6 뱃멀미	뱃멀미가 날까 봐 걱정이에요. ② I'm afraid of getting seasick.	약이 필요하시나요? ② Do you need a medicine?
7 주의사항	난간 위에 서지 마세요. Please do not stand on the rail.	주의할게요. I'll be careful.
8 매점	매점은 어디에 있나요? Where is the store?	3층에 있습니다. Located on the third floor.
9 화장실	화장실은 어디에 있나요? Where is the restroom?	저쪽 모퉁이에 있습니다. It is on the corner.
10 도착 시간	도착까지는 얼마나 남았나요? ③ How long before you arrive?	20분 정도면 도착할 거예요. ③ I'll be there in about 20 minutes.

3. 핵심단어

~할까 봐 걱정이다 be afraid of	약 medicien	난간 rail
주의하다 be careful	매점 store	위치하다 locate
층 floor	화장실 restroom	모퉁이 corner

07 박물관 · 미술관

1. 핵심패턴 3 ··· 상대방

이런 표현을 듣게 돼요

① ~에서도 많은 사람들이 옵니다.   We have many visitors from ~.
② ~을 빌릴 수 있습니다.   You can rent ~.
③ ~하시면 출구를 찾을 수 있습니다.   You can find the exit if ~.

2. 단계별 핵심대화   상대방   여행자

1	개·폐관 시간	몇 시에 개관하고 몇 시에 폐관하나요? What time do you open and close?	오전 9시에 개관하여 오후 6시에 폐관합니다. We open at 9 a.m. and close at 6 p.m.
2	프로그램·가격표	프로그램과 가격표를 보여 주세요. ❶ Show me the program and price table?	네, 이걸 참고하세요. Sure, take this for your consideration.
3	입장료	입장료는 얼마인가요? What are the admissions?	어른은 10달러, 아이는 5달러입니다. It's 10 dollars for adults and 5 dollars for children.
4	티켓 구매	어른 2장 주세요. Two adult tickets, please.	여기 있습니다. Here you go.
5	안내문	한국어로 된 안내문이 있나요? ❷ Are there any guidebook in Korean?	물론이죠. 최근에는 한국에서도 많은 사람들이 옵니다. Of course. ❶ We have many visitors from Korea recently.

3. 핵심단어

~을 보여 주다 show	가격표 price table	고려사항 consideration
입장료 admission	어른 adult	아이 children
안내문 guidebook	방문자 visitor	최근에 recently

출국	기내	도착	교통	호텔	식사	관광
귀국	문제발생	편의시설	쇼핑	엔터테인먼트		

1. 핵심패턴 3 — 여행자

이렇게 말해보세요

1. ~를 보여 주세요. — Show me ~ .
2. ~가 있나요? — Are there any ~ ?
3. ~는 어디인가요? — Where is ~ ?

2. 단계별 핵심대화 상대방 / 여행자

	상대방	여행자
6 가이드	안내해 주시는 분이 있나요? Is there someone who can guide me?	네. 미술관 가이드가 있습니다. Yes, there's a museum guide.
7 헤드셋	한국어 설명이 나오는 헤드셋이 있나요? Do you have a headset that provide explanations in Korean?	네, 저쪽 카운터에서 빌릴 수 있습니다. Yes. ❷ You can rent a headsets at that counter.
8 짐 맡김	가방은 들고 갈 수 있나요? Can I carry my bag in?	모퉁이의 물품보관함에 맡기셔야 합니다. You'll have to keep it in the locker located at the corner.
9 대기줄	이 줄이 미술관 대기줄인가요? Is this the waiting line for the museum?	네. 맞아요. 여기 줄 서시면 돼요. Yes, this is. You can line up here.
10 출구	출구는 어디인가요? ❸ Where is the exit?	출구는 쭉 내려가시다 왼쪽으로 도시면 있습니다. ❸ You can find the exit if you go down this way and turn left.

3. 핵심단어

안내하다 guide	박물관 museum	헤드셋 headset
설명 explanation	~를 들고 들어가다 carry in	물품보관함 locker
대기줄 waiting line	줄서다 line up	쭉 내려가다 go down

08
사진 촬영

1. 핵심패턴 3 ··· 상대방

이런 표현을 듣게 돼요

1. ~하기만 하면 괜찮습니다. — It's OK as long as ~.
2. ~세고 ~할게요. — I'll count ~ and ~.
3. 기꺼이요. — I'd be glad to.

2. 단계별 핵심대화 상대방 여행자

		여행자	상대방
1	촬영 허가	여기서 사진 찍어도 되나요? ❶ Can I take pictures here?	플래시를 터뜨리지 않으면 괜찮습니다. ❶ It's OK as long as you don't use the flash.
2	촬영 부탁	사진 좀 찍어 주시겠어요? Could you take a picture for me?	좋습니다. 어느 버튼을 누르면 되나요? Okay. Which button should I press?
3	카메라 작동법	빨간 불이 들어올 때 이 버튼을 누르면 돼요. When the red light comes on, please push this button.	그렇군요. 그럼 하나 둘 셋 하고 찍을게요. Okay. ❷ I'll count to three and press it.
4	배경 선정	저 장소를 배경으로 찍어 주세요. ❷ Please take a picture with that place in the background.	오른쪽으로 조금만 가 주세요. Move a little to the right.
5	장소 선정	여기서 저희 사진 좀 찍어 주세요. Please take a picture of us from here.	네, 그래요. 전망 좋은 곳으로 배경을 잘 고르셨네요. OK, you've chosen a spot with a nice view!

3. 핵심단어

사진 찍다 take pictures	~하는 한 as long as	누르다 press
빨간 불 red light	세다 count	사진을 찍다 take a picture
배경 background	장소 spot	고르다 choose

출국	기내	도착	교통	호텔	식사	관광
귀국	문제발생	편의시설	쇼핑	엔터테인먼트		

1. 핵심패턴 3 — 여행자

이렇게 말해보세요

① ~ 사진을 찍어도 되나요? Can I take pictures ~ ?
② ~을 찍어 주세요. Please take a picture ~ .
③ ~해도 될까요? Do you mind ~ ?

2. 단계별 핵심대화 상대방 여행자

		여행자	상대방
6	플래시	여기서 플래시를 터뜨려도 되나요? Can I use a flash here?	미안합니다. 여기서는 안 됩니다. Sorry, it's not allowed here.
7	1장 더	1장 더 부탁해요. One more picture, please.	네. 그럴게요. Sure.
8	촬영 권유	같이 사진 1장 찍어도 될까요? ❸ Do you mind taking a picture with me?	그럼요. 기꺼이요. Sure, ❸ I'd be glad to.
9	사진 송부	사진을 보내드리고 싶은데, 이메일 주소 좀 알려 주세요? I'd like to send you photos. Can I have your e-mail address?	정말요? 기대되네요. Really? I can't wait!
10	E-mail 주소	E-mail 주소를 여기에 적어 주시겠어요? Could you write your E-mail address down here?	이게 제 E-mail 주소입니다. Here is my E-mail address.

141

3. 핵심단어

사용하다 use	허락하다 allow	1장 더 one more
~하기 꺼리다 mind ~ing	기꺼이 ~하다 be glad to	주소 address
정말로 really	~을 적다 write down	이메일 주소 E-mail address

❽ 엔터테인먼트

01 놀이 공원	듣기	☐ ~가 있어요. ☐ ~해야 합니다. ☐ ~해 주세요.	There's ~ . You need to ~ . Please ~ .
	말하기	☐ ~이 있나요? ☐ ~을 받을 수 있을까요? ☐ 얼마나 오랫동안 ~ ?	Is there any ~ ? Could I get ~ . How long is ~ .
02 수영장	듣기	☐ ~을 남겨 주세요. ☐ ~은 이쪽입니다. ☐ ~을 조심할게요.	Please leave ~ . ~ is over here. keep ~ in mind.
	말하기	☐ ~하고 싶은데요. ☐ 꼭 ~ 해야 하나요? ☐ ~ 좀 주세요.	I'd like to ~ . Do I have to ~ ? Can I have ~ please?
03 클럽	듣기	☐ 최소한 1주일 전에 ~ . ☐ 곧 ~할 거예요. ☐ ~할 수도 있어요.	~ at least a week ago. It's going to ~ . I might ~ .
	말하기	☐ 근처에 ~을 아시나요? ☐ ~을 주시겠어요? ☐ ~해도 될까요?	Do you know ~ nearby? Can I have ~ ? May I ~ ?
04 카지노	듣기	☐ ~이면 됩니다. ☐ ~는 저쪽에 있습니다. ☐ 그렇게 하십시오.	~ will be enough. ~ are over there. Please, go ahead.
	말하기	☐ ~을 해야 하나요? ☐ 어디서 ~을 받나요? ☐ ~에 참가해도 될까요?	Do I need to ~ ? Where can I get ~ ? Can I join ~ ?

여행 영어회화 필수 패턴 실력 테스트

사전체크로 나의 실력을 알아보세요.

05 마사지	듣기	☐ ~하고 싶어요. ☐ ~로 해드릴게요. ☐ 특별히 ~ 한 것이 있나요?	I'd like to ~ . I'll charge ~ . Do you have any particularly ~ ?
	말하기	☐ 어떤 게 ~인가요? ☐ ~로 할게요. ☐ ~가 아픕니다.	What is ~ ? I'll take ~ . ~ are painful.
06 영화관	듣기	☐ ~를 선택해 주세요. ☐ ~입니다. ☐ ~를 보여 주세요.	Please, select ~ . That'll be ~ . Please show me ~ .
	말하기	☐ ~주세요. ☐ ~을 가져가도 되나요? ☐ ~은 어디서 하나요?	Give me ~ . Can I take ~ ? Where do I ~ ?
07 공연장	듣기	☐ 몇 분이신가요? ☐ 발밑을 주의하세요. ☐ ~에 시작합니다.	For how many ~ ? Watch your steps. It starts at ~ .
	말하기	☐ ~은 무슨 공연이 있나요? ☐ ~을 주세요. ☐ ~로 안내해 주시겠습니까?	What's on stage ~ ? Can I have ~ ? Could you please take me to ~ ?
08 경기장	듣기	☐ ~에 시작합니다. ☐ ~에 따라 ☐ ~대 ~으로 이겼어요.	It begins at ~ . Depending on ~ . They won by ~ to ~ .
	말하기	☐ ~가 있나요? ☐ ~은 얼마인가요? ☐ 어느 팀이 ~에서 이겼나요?	Are there any ~ ? How much does ~ ? Which team won ~ ?

01
놀이공원

1. 핵심패턴 3 ··· 상대방
이런 표현을 듣게 돼요

❶ ~가 있어요.	There's ~ .
❷ ~해야 합니다.	You need to ~ .
❸ ~해 주세요.	Please ~ .

2. 단계별 핵심대화 상대방 여행자

1	놀이공원	이 근처에 놀이공원이 있나요? ❶ Is there any amusement park near here?	2블럭 가시면 놀이공원이 있어요. ❶ There's one 2 blocks from here.
2	입장권 구매	어떤 걸로 드릴까요? What would you like?	1일 자유 이용권 2장 주세요. Two all-day tickets, please.
3	공원 지도	공원 지도를 받을 수 있을까요? ❷ Could I get a park map, please?	여기 있습니다. 무료입니다. Here you are. It's free.
4	대기 시간	이걸 타려면 얼마나 오랫동안 기다려야 하나요? ❸ How long is the wait for this ride?	20분 정도 기다려야 합니다. ❷ You need to wait about 20 minutes.
5	사진 촬영	저는 놀이기구 탈 때 찍어 주는 사진을 사고 싶은데요. I'd like to buy the photo showing me on a ride.	그럼 이 신청서를 작성해 주세요. ❸ Please fill in this request form.

3. 핵심단어

놀이공원 amusement park	공원 지도 park map	무료의 free
탈 것 ride	~해야 한다 need to	사진 photo
탈 때 on a ride	작성하다 fill in	신청서 request form

출국 > 기내 > 도착 > 교통 > 호텔 > 식사 > 관광
귀국 > 문제발생 > 편의시설 > 쇼핑 > 엔터테인먼트

1. 핵심패턴 3 ··· 여행자

이렇게 말해보세요

1. ~이 있나요? — Is there any ~ .
2. ~을 받을 수 있을까요? — Could I get ~ .
3. 얼마나 오랫동안 ~ ? — How long is ~ .

2. 단계별 핵심대화   상대방   여행자

6 이용조건	이 놀이기구를 타려면 120cm 이상에 건강상태가 양호해야 합니다. You must be at least 120 centimeters tall and in good health to take this ride.	네. 저는 키가 168cm이고 건강합니다. I'm 168cm tall and in good health.
7 주의사항	놀이기구 안으로 손이나 팔을 넣어 주시고, 운행 중에는 반드시 자리에 앉아 계십시오. Please keep your hands and arms inside the vehicle and stay seated at all time.	네. 주의하겠습니다. OK, I'll try to be careful.
8 선물가게	매점이 어디 있나요? Where's the store?	저 위쪽으로 50미터 가시면 있어요. Go 50m up that way.
9 마감시간	몇 시까지 하나요? How late are you open?	오후 9시까지 합니다. Until 9pm
10 출구	출구가 어딘가요? Where is the exit?	이쪽으로 쭈욱 가시면 출구가 나올 거예요. You'll find the exit if you walk down this way.

3. 핵심단어

키가 큰 tall	건강상태 양호 good health	놀이기구 vehicle
항상 at all time	주의하는 careful	저쪽 that way
~까지 until	출구 exit	쭈욱 내려가다 walk down

02 수영장

1. 핵심패턴 3 — 상대방

이런 표현을 듣게 돼요

1. ~을 남겨 주세요. Please leave ~ .
2. ~은 이쪽입니다. ~ is over here.
3. ~을 조심할게요. keep ~ in mind.

2. 단계별 핵심대화 상대방 / 여행자

1 입장료	수영장 입장료는 얼마인가요? How much is the admission?	성인 1인당 20불입니다. 20 dollars for an adult.
2 수질	물이 정말 깨끗한가요? Is the water really clean?	네, 아주 깨끗합니다. Yes, it's very clean.
3 비치 의자	비치 의자를 빌리고 싶은데요. ❶ I'd like to rent a beach chair.	여기에 연락처를 남겨 주세요. ❶ Please leave your contact info here.
4 탈의실	탈의실은 어느 쪽인가요? Where's the changing room?	탈의실은 이쪽입니다. Changing room ❷ is over here.
5 선크림	제 등에 선크림을 좀 발라 주시겠어요? Could you apply this sun block on my back?	그럴게요. No problem.

3. 핵심단어

입장료 admission	성인 1인당 for an adult	깨끗한 clean
비치의자 beach chair	연락처 정보 contact info	탈의실 changing room
이쪽 over here	바르다 apply	선크림 sun block

출국 〉 기내 〉 도착 〉 교통 〉 호텔 〉 식사 〉 관광
귀국 〉 문제발생 〉 편의시설 〉 쇼핑 〉 엔터테인먼트

1. 핵심패턴 3 ··· 여행자

이렇게 말해보세요

① ~하고 싶은데요.   I'd like to ~ .
② 꼭 ~ 해야 하나요?   Do I have to ~ ?
③ ~ 좀 주세요.   Can I have ~ please?

2. 단계별 핵심대화   상대방   여행자

6 수영모	수영모를 꼭 써야 하나요? ❷ Do I have to wear a swimming cap?	꼭 수영모를 써야 합니다. Yes, you must.
7 타올	타올을 좀 주세요. ❸ Can I have some towels, please?	여기 있습니다. Here you go.
8 유아풀	어린이용 수영장이 있나요? Do you have a swimming pool for children?	저쪽 코너에 유아풀이 있습니다. There's a pool for the infants over that corner.
9 주의사항	뛰거나 다이빙하지 마시오. No running or diving.	네. 조심할게요. I'll ❸ keep it in mind.
10 안전요원	안전요원은 있나요? Are there any safety guards?	항상 안전요원이 대기 중입니다. They are always on standby.

3. 핵심단어

쓰다 wear	수영모 swimming cap	수영장 swimming pool
유아 infant	달리기 running	다이빙 diving
조심하다 keep in mind	안전요원 safety guard	대기 중 standby

03
클럽

1. 핵심패턴 3 상대방

① 최소한 1주일 전에 ~ . ~ at least a week ago.
② 곧 ~할 거예요. It's going to ~ .
③ ~할 수도 있어요. I might ~ .

이런 표현을 듣게 돼요

2. 단계별 핵심대화 상대방 / 여행자

1 나이트클럽	근처에 잘나가는 나이트클럽을 아시나요? ① Do you know any good nightclub nearby?	네, 몇 군데 추천해 드릴게요. Sure, I'll recommend you a few.
2 인원수	어서 오십시오. 몇 분이십니까? Good morning. How many of you?	2명입니다. Two, please.
3 입장료	입장료는 얼마인가요? What's the admission?	1인당 200불입니다. That will be 200 dollars per person.
4 신분증 확인	미성년자는 출입이 안 됩니다. 신분증을 보여 주세요. Minors cannot enter. Please show me your ID.	여기 있습니다. 올해 저는 25살입니다. Here you go. I'm 25 years old this year.
5 자리	무대 근처 자리로 주시겠어요? ② Can I have a table near the stage, please?	미안합니다. 이미 매진입니다. 최소한 1주일 전에는 예약해야 합니다. Sorry, it's taken. You need to reserve ① at least a week ago.

3. 핵심단어

근처에 nearby	추천하다 recommend	몇 군데 a few
입장료 admission	1인당 per person	미성년자 minor
무대 stage	예약하다 reserve	적어도 at least

출국 > 기내 > 도착 > 교통 > 호텔 > 식사 > 관광
귀국 > 문제발생 > 편의시설 > 쇼핑 > 엔터테인먼트

1. 핵심패턴 3 ··· 여행자

이렇게 말해보세요

① 근처에 ~을 아시나요? — Do you know ~ nearby?
② ~을 주시겠어요? — Can I have ~ ?
③ ~해도 될까요? — May I ~ ?

2. 단계별 핵심대화 상대방 여행자

6 쇼타임	쇼는 몇 시에 시작하나요? What time does the show start?	곧 시작할 거예요. ❷ It's going to start soon.
7 주문	무엇을 드시겠습니까? What would you like to drink?	맥주 2병과 나초 주세요. Give me two bottles of beer and a plate of Nacho.
8 댄싱권유	함께 춤추시겠어요? Will you dance with me?	기꺼이요. 하지만 당신의 발을 밟을 수도 있어요. I will be glad to. ❸ I might step on your foot, though.
9 합석	합석해도 될까요? ❸ May I join you?	그러세요. Sure.
10 영업시간	언제까지 영업하나요? How late do you open?	새벽 2시까지 합니다. Until 2 am.

3. 핵심단어

곧 ~할 것이다 be going to	곧 soon	1접시 plate
춤추다 dance	기꺼이 ~하다 be glad to	밟다 step on
그럴지만 though	합석하다 join	늦게 late

04
카지노

1. 핵심패턴 3 — 상대방
이런 표현을 듣게 돼요

❶ ~이면 됩니다.	~ will be enough.
❷ ~는 저쪽에 있습니다.	~ are over there.
❸ 그렇게 하십시오.	Please, go ahead.

2. 단계별 핵심대화 상대방 / 여행자

1	카지노 위치	이 호텔에 카지노가 있나요? Is there a casino in this hotal?	네. 지하 1층에 있습니다. Yes, at the basement.
2	드레스 코드	정장을 입어야 하나요? ❶ Do I need to dress full?	아니요. 긴바지만 입으시면 됩니다. No, long trousers ❶ will be enough.
3	인원수	어서 오십시오. 몇 분이신가요? Welcome people, how many of you?	2명입니다. We are a group of 2.
4	신분증 확인	신분증을 보여주시겠어요? Can you show me your IDs?	여기 있어요. Here you go.
5	칩 교환	어디서 칩을 받나요? ❷ Where can I get the chips?	환전데스크는 저쪽에 있습니다. The exchange windows ❷ are over there.

3. 핵심단어

지하층 basement	~해야 한다 need to	정장을 입다 dress full
바지 trousers	충분한 enough	한 무리의 a group of
보여 주다 show	칩 chip	환전데스크 exchange window

출국	기내	도착	교통	호텔	식사	관광
귀국	문제발생	편의시설	쇼핑	엔터테인먼트		

1. 핵심패턴 3 ··· 여행자

이렇게 말해보세요

❶ ~을 해야 하나요?	Do I need to ~ ?
❷ 어디서 ~을 받나요?	Where can I get ~ ?
❸ ~에 참가해도 될까요?	Can I join ~ ?

2. 단계별 핵심대화 상대방 여행자

6 환전	300불을 칩으로 교환해 주세요. Please change 300 dollars into chips.	여기 있습니다. Here you go.
7 참가	게임에 참가해도 될까요? ❸ Can I join the game?	물론입니다. Of course.
8 베팅	여기에 베팅하고 싶습니다. I'd like to bet here.	네. 그렇게 하십시오. ❸ Please, go ahead.
9 잭팟	맞았다!/이겼다! Jackpot!/Bingo!	당신은 오늘 운이 좋으시네요. You are lucky today!
10 현금 교환	이 칩들을 현금으로 바꿔 주세요. Please cash in these chips.	네. 여기 있습니다. Yes. Here it is.

151

3. 핵심단어

~을 ~으로 바꾸다 change into	참가하다 join	물론입니다 of course
베팅하다 bet	그렇게 하세요 go ahead	맞았다 jackpot
이겼다 bingo	운이 좋은 lucky	현금으로 바꾸다 cash in

05
마사지

1. 핵심패턴 3 상대방
이런 표현을 듣게 돼요

1. ~하고 싶어요. — I'd like to ~.
2. ~로 해드릴게요. — I'll charge ~.
3. 특별히 ~ 한 것이 있나요? — Do you have any particularly ~ ?

2. 단계별 핵심대화 상대방 여행자

	상대방	여행자
1 입장	어서 오십시오. Welcome!	마사지를 받고 싶어요. ❶ I'd like to receive massages.
2 추천 코스	피로가 심한데 어떻게 당신이 추천하는건가요? I'm pretty tired. ❶ What is your recommendation?	이 코스가 저렴하고 시간도 길어요. This course is cheap and long.
3 코스 선택	이 코스로 하시겠습니까? What kind of course would you like?	네. 이 코스로 할게요. This course, please.
4 가격 흥정	이 코스로 2명 할게요. 싸게 해 주세요. ❷ I'll take this course for 2 persons. Can you make it cheaper?	2명에 100불 해드릴게요. ❷ I'll charge you 100 dollars for 2 people.
5 탈의실	탈의실은 어디인가요? Where's the changing room?	이쪽으로 오십시오. This way, please.

3. 핵심단어

받다 receive	아주 pretty	피곤하다 tired
추천 recommendation	~종류의 kind of	사람 person
싸게 cheaper	탈의실 changing room	이쪽으로 this way

출국 〉 기내 〉 도착 〉 교통 〉 호텔 〉 식사 〉 관광
귀국 〉 문제발생 〉 편의시설 〉 쇼핑 〉 **엔터테인먼트**

1. 핵심패턴 3 … 여행자

이렇게 말해보세요

1. 어떻게 ~인가요?
2. ~로 할게요.
3. ~가 아픕니다.

What is ~ ?
I'll take ~ .
~ are painful.

2. 단계별 핵심대화 상대방 여행자

6 불편한 곳	어디 특별히 불편한 곳이 있나요? ❸ Do you have any <u>particularly</u> uncomfortable parts on your body?	목과 어깨가 아픕니다. My neck and shoulders ❸ are painful.
7 강도	강도는 어떻게 해드릴까요? How strong do you want it?	아주 강하게 해 주세요. Very strong, please.
8 추가 부위	추가로 어디를 더 해드릴까요? Are there any other parts you want me to take care of?	등도 조금 더 해 주세요. More for my back, please.
9 샤워실	샤워실은 어디인가요? Where's the shower room?	이쪽에 있습니다. This way, please.
10 인사	아주 시원하네요. 감사합니다. Very refreshing! Thank you.	네. 다음에 또 오십시오. Welcome, visit us again!

3. 핵심단어

목과 어깨 neck and shoulder	아픈 painful	특별히 particularly
불편한 uncomfortable	강도 strong	~를 신경쓰다 take care of
조금 더 more	샤워실 shower room	시원한 refreshing

06 영화관

1. 핵심패턴 3 · 상대방

이런 표현을 듣게 돼요

① ~를 선택해 주세요. — Please, select ~ .
② ~입니다. — That'll be ~ .
③ ~를 보여 주세요. — Please show me ~ .

2. 단계별 핵심대화 상대방 / 여행자

		상대방	여행자
1	추천 영화	가장 재미있는 영화가 뭔가요? What's the most interesting movie?	최근 이 영화가 가장 인기가 많아요. This movie is most popular these days.
2	상영 시간	상영 시간은 얼마인가요? What's the running time?	120분입니다. 120 minutes.
3	인원 수	몇 분이신가요? For how many?	2명입니다. Two, please.
4	좌석	자리를 선택해 주세요. ❶ Please, select your seat.	중앙 자리로 주세요. ❶ Give me the one in the middle.
5	음료	팝콘과 콜라 1개씩 주세요. Give me a bag of popcorn and a coke.	여기 있습니다. Here you go.

3. 핵심단어

가장	재미있는	인기 있는
most	interesting	popular
최근	상영 시간	중앙
these days	running time	middle
선택하다	팝콘	콜라
select	popcorn	coke

출국 > 기내 > 도착 > 교통 > 호텔 > 식사 > 관광
귀국 > 문제발생 > 편의시설 > 쇼핑 > **엔터테인먼트**

1. 핵심패턴 3 … 여행자

이렇게 말해보세요

❶ ~주세요.	Give me ~ .
❷ ~을 가져가도 되나요?	Can I take ~ ?
❸ ~은 어디서 하나요?	Where do I ~ ?

2. 단계별 핵심대화   상대방   여행자

	상대방	여행자
6 계산	총 얼마인가요? What's the total?	10달러입니다. ❷ That'll be 10 dollars.
7 팸플릿	이 팸플릿을 가져가도 되나요? ❷ Can I take this pamphlet with me?	네, 무료입니다. 가져가셔도 됩니다. Yes, of course. It's free.
8 입장권 검사	입장권을 보여 주세요. ❸ Please show me your ticket.	여기 있습니다. Here it is.
9 화장실	화장실은 어디에 있나요? Where's the washroom?	저쪽 코너에 있습니다. Over that corner.
10 주차 정산	주차 정산은 어디서 하나요? ❸ Where do I pay for the parking?	저쪽 자동정산기에서 하시면 됩니다. You can pay it at that automatic payment machine.

155

3. 핵심단어

총 total	팸플릿 pamphlet	무료의 free
보여주다 show	입장권 ticket	화장실 washroom
저쪽 over	주차 parking	자동정산기 payment machine

07
공연장

1. 핵심패턴 3 ··· 상대방

이런 표현을 듣게 돼요

① 몇 분이신가요? — For how many ~ ?
② 발밑을 주의하세요. — Watch your steps.
③ ~에 시작합니다. — It starts at ~ .

2. 단계별 핵심대화 상대방 / 여행자

1 공연 정보	오늘 밤에는 무슨 공연이 있나요? ❶ What's on stage tonight?	앤드류 웨버가 제작한 유명 뮤지컬이 공연이 있습니다. A famous musical by Andrew Webber is on.
2 공연 시간	몇 시 표가 있나요? What are the available tickets?	저녁 8시 표만 남았습니다. Only 8 o'clock ticket is left.
3 좌석 선택	어떤 좌석으로 드릴까요? Which seats would you like?	앞쪽 좌석으로 주세요. The front row seats, please.
4 몇 분	몇 분이신가요? ❶ For how many people?	성인 2명입니다. Two adults, please.
5 팸플릿	공연 팸플릿을 주세요. ❷ Can I have a pamphlet, please?	예, 3달러입니다. Yes, that will be 3dollars.

3. 핵심단어

무대 stage	오늘 밤 tonight	유명한 famous
뮤지컬 musical	구할 수 있는 available	남은 left
좌석 seat	앞쪽 좌석 front row seat	성인 adult

출국 > 기내 > 도착 > 교통 > 호텔 > 식사 > 관광
귀국 > 문제발생 > 편의시설 > 쇼핑 > **엔터테인먼트**

1. 핵심패턴 3 ··· 여행자

이렇게 말해보세요

1. ~은 무슨 공연이 있나요? What's on stage ~ ?
2. ~을 주세요. Can I have ~ ?
3. ~로 안내해 주시겠습니까? Could you please take me to ~ ?

2. 단계별 핵심대화 상대방 여행자

6 좌석 안내	제 자리까지 안내해 주시겠습니까? ❸ Could you please take me to my seat?	물론입니다. 발밑을 주의하세요. Of course, ❷ watch your steps.
7 시작 시간	공연은 몇 시에 시작하나요? When does the show start?	9시에 시작합니다. ❸ It starts at 9 o'clock.
8 중간 휴게 시간	중간 휴게시간이 있나요? Is there any intermission?	네, 1부 끝난 후 중간 휴게시간이 있습니다. Yes, after the first part of the show.
9 소감	공연은 어땠어요? How was the show?	아주 좋았어요. 다시 한번 보고싶어요. It was great! I'd like to see it again.
10 출구	출구가 어디죠? Where's the exit?	극장 뒷편에 있습니다. At the back of the theater.

157

3. 핵심단어

주의하다 watch	(발)걸음 step	시작하다 start
중간 휴게시간 intermission	1부 first part	좋은 great
출구 exit	~의 뒷편에 at the back of	극장 theater

08
경기장

1. 핵심패턴 3 · 상대방
이런 표현을 듣게 돼요

❶ ~에 시작합니다.	It begins at ~ .
❷ ~에 따라	Depending on ~ .
❸ ~대 ~으로 이겼어요.	They won by ~ to ~ .

2. 단계별 핵심대화 상대방 / 여행자

1	경기 일정	오늘 미식축구 경기가 있나요? ❶ Are there any football games today?	뉴욕 자이언츠의 경기가 있어요. The New York Giants are playing today.
2	경기 장소	경기는 어디서 하나요? Where is the game played?	메트라이프 경기장에서 합니다. At the Metlife Stadium, of course.
3	경기 시간	경기는 몇 시부터 시작하나요? What time does it begin?	저녁 6시에 시작합니다. ❶ It begins at 6 p.m.
4	시합팀	어느 팀이 경기하나요? Which teams are playing?	자이언츠와 레인저스입니다. The Giants and Rangers.
5	티켓 구매	티켓은 어디서 사나요? Where can I buy the ticket?	온라인이나 길거리의 티켓 판매소에서 구매할 수 있습니다. On-line or ticket offices on the streets.

3. 핵심단어

미식축구 경기 football game	오늘 today	경기를 하다 play
경기장 stadium	~에 시작하다 begin at	사다 buy
온라인 on-line	티켓 판매소 ticket office	거리에서 on the streets

출국	기내	도착	교통	호텔	식사	관광
귀국	문제발생	편의시설	쇼핑	엔터테인먼트		

1. 핵심패턴 3 · 여행자

이렇게 말해보세요

❶ ~가 있나요?	Are there any ~ ?
❷ ~은 얼마인가요?	How much does ~ ?
❸ 어느 팀이 ~에서 이겼나요?	Which team won ~ ?

2. 단계별 핵심대화 상대방 여행자

6	티켓 가격	티켓은 얼마인가요? ❷ How much does the ticket cost?	좌석에 따라 30달러부터 100달러까지 있습니다. 30 to 100 dollars, ❷ depending on the seats.
7	경기 상황	지금 스코어가 어떻게 되나요? What's the current score?	자이언츠가 2점 이기고 있어요. The Giants are up by 2.
8	경기 응원	당신은 어느 팀을 응원하시나요? Which team are you supporting?	당연히 자이언츠입니다. The Giants, of course.
9	경기 결과	어느 팀이 이겼나요? ❸ Which team won the game?	불행하게도 레인저스가 이겼어요. The Rangers, unfortunately.
10	스코어	몇 대 몇으로 이겼나요? What's the score?	6대 4로 이겼어요. ❸ They won by 6 to 4.

3. 핵심단어

티켓 가격 ticket cost	~에 따라 depend on	지금의 current
점수 score	~점 차로 이기다 up by	응원하다 support
불행하게도 unfortunately	이기다 win	몇 대 몇으로 by~ to~

159

❾ 쇼핑

01 주류 · 담배	듣기	☐ ~을 생각하고 있으신가요? ☐ ~에 따라 다릅니다. ☐ ~을 어떻게 하시겠어요?	~ have in mind? It depends on ~ . Would you like to ~ ?
	말하기	☐ ~를 찾고 있어요. ☐ ~을 주세요. ☐ ~은 얼마죠?	I'm looking for ~ . I will take ~ . How much do I owe ~ ?
02 옷 · 신발	듣기	☐ 편하게 ~하세요. ☐ ~을 가져다 드릴게요. ☐ ~을 결정하시겠어요?	Feel free to ~ . I will bring ~ . Have you decided ~ ?
	말하기	☐ 다른 ~은 없나요? ☐ 다른 ~도 있나요? ☐ ~와 잘 어울리나요?	Don't you have it in other ~ ? Do you also have another ~ ? Does it look good on ~ ?
03 화장품	듣기	☐ 죄송합니다만 ~ . ☐ ~에 사용 가능합니다. ☐ 제 생각에는 ~ .	We are sorry to ~ . It's applicable to ~ . I think ~ .
	말하기	☐ ~을 찾고 있어요. ☐ ~이 있나요? ☐ ~ 해 봐도 되나요?	I'm looking for ~ . Do you have ~ ? Can I try ~ ?
04 귀금속	듣기	☐ ~을 꺼내드릴게요. ☐ ~은 어떠세요? ☐ 물론입니다.	Let me take ~ out for you. How about ~ ? Why not ~ .
	말하기	☐ ~을 보여 주세요. ☐ ~한 것은 없나요? ☐ ~해 볼 수 있나요?	I'd like to see ~ . Do you have anything with ~ ? Can I try ~ on?

여행 영어회화 필수 패턴 실력 테스트

사전체크로 나의 실력을 알아보세요.

05 가방	듣기	☐ ~이 유행입니다. ☐ ~으로 아주 편리합니다. ☐ ~ 받아들여지지 않아요.	~ are popular nowadays. This is very convenient as ~ . ~ are not accepted.
	말하기	☐ 이것의 소재가 뭔가요? ☐ ~을 해 봐도 되나요? ☐ ~을 받나요?	What is it made of? Can I try ~ on? Do you accept ~ ?
06 식료품	듣기	☐ ~로 판매합니다. ☐ ~로는 ~가 좋아요. ☐ 유통기한은 ~까지입니다.	We sell them by ~ . ~ favored as ~ It's sell-by date is till ~ .
	말하기	☐ ~을 어떻게 판매하시나요? ☐ ~을 무게 좀 달아 주세요. ☐ ~의 원산지는 어디인가요?	How do you sell ~ ? Could you weigh ~ ? What's the place of origin ~ ?
07 전자제품	듣기	☐ ~보다 훨씬 가벼워요. ☐ ~때문에 비쌉니다. ☐ ~ 하는 만큼	It's much lighter than ~ . It's expensive because of ~ . as much as ~ .
	말하기	☐ ~를 찾고 있어요. ☐ ~을 볼 수 있을까요? ☐ ~한 것 같은데요?	I'm looking for ~ . Can I see ~ ? It seems ~ .
08 기념품	듣기	☐ 저것들이 ~합니다. ☐ ~으로는 이런 것들이 인기가 좋습니다. ☐ 이것은 ~을 의미합니다.	Those ones are~ . These are popular as ~ . It signifies ~ .
	말하기	☐ ~가 있나요? ☐ 어느 것이 제일 인기가 있나요? ☐ 좀 더 ~인 거는 없나요?	Do you have ~ ? Which is the most popular ~ ? Is there anything more ~ ?

01 주류 · 담배

1. 핵심패턴 3 … 상대방

이런 표현을 듣게 돼요

① ~을 생각하고 있으신가요? ~ have in mind?
② ~에 따라 다릅니다. It depends on ~ .
③ ~을 어떻게 하시겠어요? Would you like to ~ ?

2. 단계별 핵심대화 상대방 / 여행자

1	주류 구매	생각하고 있는 물건이 있으신가요? What do you ❶ have in mind?	선물로 위스키를 찾고 있어요. ❶ I'm looking for a bottle of whiskey as a gift.
2	선호 제품	원하시는 브랜드가 있나요? Any brand preference?	발렌타인 17년산을 찾고 있어요. I'm looking for the 17-year-old Valentine.
3	품질 비교	발렌타인과 조니 워커 중 어느 쪽이 더 좋은가요? Which one is better? Valentine or Jonnie Walker?	사람들 취향에 따라 다르지만 보통 조니 워커가 더 많이 나갑니다. ❷ It depends on the people's tastes but usually, Jonnie Walker sells better.
4	구매 수량	그럼 조니 워커로 1병 주세요. ❷ I will take 1 bottle of Jonnie Walker, then.	2병 사시면 더 좋은 가격으로 드릴게요. If you buy 2, we can offer much better price.
5	담배 구매	말보로 라이트도 있나요? Do you have Marlboro Light?	예. 있습니다. 얼마만큼 드릴까요? Yes, we have. How many cartons would you like?

3. 핵심단어

~을 찾다 look for	선물 gift	브랜드 brand
원하는 것 preference	더 좋은 better	취향 taste
보통 usually	더 좋은 가격 better price	보루 carton

출국　기내　도착　교통　호텔　식사　관광
귀국　문제발생　편의시설　**쇼핑**　엔터테인먼트

1. 핵심패턴 3 · 여행자

이렇게 말해보세요

1. ~를 찾고 있어요. — I'm looking for ~ .
2. ~을 주세요. — I will take ~ .
3. ~은 얼마죠? — How much do I owe ~ ?

2. 단계별 핵심대화 상대방 / 여행자

#	상황	여행자	상대방
6	추가 구매	2보루 더 주세요. 얼마죠? Two cartons, please. ❸ How much do I owe you?	40달러입니다. 40 dollars. Sir.
7	신용카드	신용카드로 계산해도 되나요? Can I pay by credit card?	네, 할부로 하시겠어요? 일시불로 하시겠어요? Sure, ❸ would you like to pay in installments or in full?
8	일시불	일시불로 할게요. I'd like to pay in full.	여기 서명해 주세요. Please sign here.
9	선물 포장	선물 포장으로 해드릴까요? Do you want to wrap the gift?	아니요, 그럴 필요없어요. No, It won't be necessary.
10	포장	비닐봉투에 담아 주세요. Please put it in a plastic bag.	네. 여기 있습니다. Of course, here you are.

3. 핵심단어

지불하다 owe	~로 지불하다 pay by	할부로 지불하다 pay in installment
일시불로 지불하다 pay in full	서명하다 sign	포장하다 wrap
~하지 않아도 된다 won't be	필요한 necessary	비닐봉투 plastic bag

02
옷 · 신발

1. 핵심패턴 3 ··· 상대방

이런 표현을 듣게 돼요

1. 편하게 ~하세요. — Feel free to ~ .
2. ~을 가져다 드릴게요. — I will bring ~ .
3. ~을 결정하시겠어요? — Have you decided ~ ?

2. 단계별 핵심대화 상대방 / 여행자

1 보여 주세요	이 옷 좀 보여 주세요. Please show me these clothes.	여기 있습니다. 편하게 보세요. Here you are. ❶ Feel free to take a look.
2 시착용	입어 봐도 되나요? Can I try this on?	물론입니다. Of course.
3 탈의실	탈의실은 어디 있나요? Where is the fitting room?	저쪽 코너에 있습니다. Over that corner.
4 거울	거울을 볼 수 있을까요? Can I see myself in a mirror?	이쪽 거울을 보십시오. Use the mirror on this side.
5 색상	다른 색상은 없나요? ❶ Don't you have it in other colors?	흰색과 파란색이 있습니다. We have white and blue.

3. 핵심단어

옷 clothes	편하게 feel free	둘러보다 take a look
입어 보다 try on	탈의실 fitting room	저쪽 over
거울 mirror	이쪽의 on this side	색깔 color

출국 > 기내 > 도착 > 교통 > 호텔 > 식사 > 관광
귀국 > 문제발생 > 편의시설 > 쇼핑 > 엔터테인먼트

1. 핵심패턴 3 ··· 여행자

이렇게 말해보세요

1. 다른 ~은 없나요? — Don't you have it in other ~ ?
2. 다른 ~도 있나요? — Do you also have another ~ ?
3. ~와 잘 어울리나요? — Does it look good on ~ ?

2. 단계별 핵심대화 상대방 / 여행자

6 사이즈	더 큰(더 작은) 사이즈가 있나요? Do you have a larger (smaller) size?	네, 바로 가져다 드릴게요. Yes, ❷ I will bring it to you right now.
7 디자인	다른 디자인도 있나요? ❷ Do you also have another design?	이렇게 3가지 디자인이 있어요. We have these three designs.
8 어울림	저한테 잘 어울리나요? ❸ Does it look good on me?	네, 아주 잘 어울리시네요. Yes, it suits you well!
9 구매고민	어떤 것이 마음에 드시나요? Which one do you have in mind?	잠깐만 생각해 볼게요. Let me think for a moment.
10 구매결정	어떤 것으로 결정하시겠어요? ❸ Have you decided which one to choose?	역시 이것이 마음에 드네요. 이것으로 할게요. This one caught my eyes. I will take this.

3. 핵심단어

더 큰 larger	더 작은 smaller	가져다주다 bring
바로 right now	~에 잘 어울리다 look good on	잘 어울리다 suit well
잠시 for a moment	결정하다 decide	마음에 들다 catch my eyes

03 화장품

1. 핵심패턴 3 ··· 상대방

이런 표현을 듣게 돼요

① 죄송합니다만 ~ . — We are sorry to ~ .
② ~에 사용 가능합니다. — It's applicable to ~ .
③ 제 생각에는 ~ . — I think ~ .

2. 단계별 핵심대화 상대방 여행자

		여행자	상대방
1	립스틱	샤넬 립스틱 29번을 찾고 있어요. ❶ I'm looking for the Chanel lipstick number twenty-nine.	죄송합니다만, 그 제품은 현재 품절입니다. ❶ We are sorry to inform you that the item is out of stock now.
2	브랜드	크리스찬 디올 아이 섀도우는 있나요? ❷ Do you have Christian Dior's eye shadow?	네, 몇 개나 필요하신가요? Yes, how many do you need?
3	유행 컬러	어떤 색이 유행인가요? Which color is now in fashion?	올해는 검정색이 유행입니다. Black is the color of the year.
4	선호 컬러	어떤 색을 좋아하시나요? What color would you prefer?	저는 빨간색을 더 좋아해요. I prefer red more.
5	더 밝은 색	이것보다 더 밝은 색이 있나요? Do you have a brighter color?	아니요. 이게 제일 밝습니다. No, this one's the brightest.

3. 핵심단어

~을 찾다 look for	알리다 inform	제품 item
품절 out of stock	필요하다 need	유행하는 in fashion
좋아하다 prefer	더 밝은 brighter	제일 밝은 brightest

출국 > 기내 > 도착 > 교통 > 호텔 > 식사 > 관광
귀국 > 문제발생 > 편의시설 > **쇼핑** > 엔터테인먼트

1. 핵심패턴 3 ··· 여행자

이렇게 말해보세요

① ~을 찾고 있어요. I'm looking for ~ .
② ~이 있나요? Do you have ~ ?
③ ~ 해 봐도 되나요? Can I try ~ ?

2. 단계별 핵심대화 상대방 여행자

		상대방	여행자
6	피부 타입	이것은 어떤 피부용인가요? What type of skin is this for?	건성과 중성 양쪽 다 사용 가능합니다. ❷ It's applicable to both dry and neutral skins.
7	샘플 테스트	테스트해 봐도 되나요? ❸ Can I try it?	네, 테스트해 보셔도 됩니다. Yes, you can try it.
8	색 어울림	저에게 어떤 색 파운데이션이 더 잘 어울릴까요? Which foundation color would suit me well?	제 생각에는 이게 더 좋을 것 같아요. ❸ I think this one's much better.
9	신제품	신제품은 발매되었나요? Are there any new items on sale?	네, 이 제품들이 이번 달 신제품입니다. Yes, these items are the new product lines.
10	선물용	작은 선물용으로 적당한 것이 있나요? Do you have any small items suitable as a gift?	여성분들에게는 립스틱이 최고 좋은 선물이에요. Lipsticks are the best gifts for the ladies.

3. 핵심단어

피부 타입 type of skin	~에 사용 가능하다 be applicable to	중성 neutral
어울리다 suit	더 좋은 much better	발매된 on sale
신제품 new product line	~로 적당한 suitable as	선물 gift

04 귀금속

1. 핵심패턴 3 ··· 상대방

이런 표현을 듣게 돼요

❶ ~을 꺼내드릴게요.   Let me take ~ out for you.
❷ ~은 어떠세요?   How about ~ ?
❸ 물론입니다.   Why not ~ .

2. 단계별 핵심대화   상대방   여행자

#		여행자	상대방
1	진열장 안 제품	진열장 안의 저 목걸이를 좀 보여 주세요. ❶ I'd like to see that necklace in the display case.	꺼내드릴게요. ❶ Let me take them out for you.
2	보여 주세요	이 목걸이도 보여 주세요. Show me this necklace also.	이 제품이 요즘 가장 인기 있는 제품이에요. This one is the best seller in these days.
3	보석 종류	이 보석(금속)은 무엇인가요? What is this stone(metal)?	이것은 사파이어(금)입니다. That's the sapphire(gold).
4	진품 확인	진짜인가요? Is this real?	네, 물론입니다. 증명서도 드립니다. Yes, of course. We issue the certificates also.
5	디자인	좀 더 심플한 디자인은 없나요? ❷ Do you have anything with a simple design?	이건 어떠세요? 더 심플하고 세련됐어요. ❷ How about this? This is much simpler and sophisticated.

3. 핵심단어

목걸이 necklace	진열장 display case	꺼내다 take out
요즘 in these days	보석 stone	진짜의 real
발행하다 issue	증명서 certificate	세련된 sophisticated

출국 > 기내 > 도착 > 교통 > 호텔 > 식사 > 관광
귀국 > 문제발생 > 편의시설 > **쇼핑** > 엔터테인먼트

1. 핵심패턴 3 … 여행자

이렇게 말해보세요

1. ~을 보여 주세요. — I'd like to see ~ .
2. ~한 것은 없나요? — Do you have anything with ~ ?
3. ~해 볼 수 있나요? — Can I try ~ on?

2. 단계별 핵심대화 상대방 / 여행자

#	구분	여행자	상대방
6	추천제품	다른 디자인으로 2~3개 더 보여 주세요. Show me a couple of more other designs.	이것과 저것을 보여드릴게요. I'll show you this one and that one.
7	제조국가	어디서 만든 건가요? Where was this made?	이태리제입니다. It's made in Italy.
8	시착용	착용해 볼 수 있나요? ❸ Can I try it on?	물론입니다. 그러세요. ❸ Why not, do try.
9	사이즈 조절	조금 크네요. 사이즈 조절이 가능한가요? It's a little too big. Can you adjust the size?	문제 없어요. 바로 조절해 드릴게요. No, problem. We will adjust it right now.
10	보증서	보증서가 있나요? Does it come with a warranty?	물론입니다. 저희는 언제나 보증서를 첨부해 드립니다. Yes, we always attach warrenty cards.

3. 핵심단어

보여 주다	2~3개의	착용해 보다
show	a couple of	try on
물론입니다	조절하다	즉시
why not	adjust	right now
~이 딸려 있다	보증서	첨부하다
come with	warranty	attach

05
가방

1. 핵심패턴 3 · 상대방
이런 표현을 듣게 돼요

① ~이 유행입니다. — ~ are popular nowadays.
② ~으로 아주 편리합니다. — This is very convenient as ~ .
③ ~ 받아들여지지 않아요. — ~ are not accepted.

2. 단계별 핵심대화 상대방 여행자

1 브랜드	저는 이 브랜드를 좋아해요. 이 브랜드 제품이 더 있나요? I like this brand. Do you have more of this?	네, 여기에 있습니다. Yes, we do. They are over here.
2 디자인	이것은 디자인이 매력적이네요. 신제품인가요? The designs are attractive. Are these new?	네, 이것들은 신제품입니다. Yes, they are new.
3 유행 디자인	요즘 어떤 디자인이 유행하고 있나요? What kind of design is now in fashion?	요즘에는 더 대담하고 더 밝은 디자인이 인기입니다. Bolder and brighter designs ❶ <u>are popular nowadays</u>.
4 가격	이것들의 가격대는 얼마인가요? What are the price range?	200달러부터 1,000달러까지 있습니다. From 200 to 1,000 dollars.
5 용도	이것의 용도가 뭔가요? What is this used for?	이것은 여행 시 휴대용 가방으로 아주 편리합니다. ❷ <u>This is very convenient as</u> a carry-on bag when you travel.

3. 핵심단어

~중에 많이 more of	여기에 over here	매력적인 attractive
유행하는 in fashion	인기 있는 popular	요즘에 nowadays
가격대 price range	~에 사용하는 used for	편리한 convenient

출국 › 기내 › 도착 › 교통 › 호텔 › 식사 › 관광
귀국 › 문제발생 › 편의시설 › **쇼핑** › 엔터테인먼트

1. 핵심패턴 3 … 여행자

이렇게 말해보세요

① 이것의 소재가 뭔가요?	What is it made of?
② ~을 해 봐도 되나요?	Can I try ~ on?
③ ~을 받나요?	Do you accept ~ ?

2. 단계별 핵심대화 상대방 / 여행자

6 재질	이것의 소재가 뭔가요? ❶ What is it made of?	천연 소가죽입니다. Natural cow hides.
7 시착용	메어 봐도 되나요? ❷ Can I try them on my back?	네. 물론입니다. Of course.
8 소재	이건 진짜 가죽인가요? Is this a genuine leather?	네. 진짜 가죽이에요. Yes, it is a real leather.
9 결제	카드를 받나요? ❸ Do you accept credit cards?	네, 여기에 서명해 주세요. Yes, please sign here.
10 세금환급	세금 환급이 되나요? Does tax refund apply?	유감스럽게도 뉴욕에서는 받아들여지지 않아요. Unfortunately, tax refunds ❸ are not accepted in New York.

3. 핵심단어

~으로 만들어지다 be made of	천연 natural	소가죽 cow hide
진짜의 genuine	가죽 leather	받다 accept
세금 환급 tax refund	적용하다 apply	유감스럽게도 unfortunately

06
식료품

1. 핵심패턴 3 ··· 상대방

이런 표현을 듣게 돼요

❶ ~로 판매합니다.	We sell them by ~ .
❷ ~로는 ~가 좋아요.	~ favored as ~
❸ 유통기한은 ~까지입니다.	It's sell-by date is till ~ .

2. 단계별 핵심대화   상대방   여행자

1 쇼핑 카트	쇼핑카트(바구니)는 어디에 있나요? Where's the shopping cart(basket)?	마트 입구 쪽에 있어요. It's out front of the grocery store.
2 과일 코너	과일 코너는 어느 쪽에 있나요? Where's the fruits corner?	H 통로에 있어요. It's on the aisle H.
3 판매 방법	이것들을 어떻게 판매하시나요? ❶ How do you sell these?	무게로 판매합니다. ❶ We sell them by weight.
4 근당 가격	이건 킬로당 얼마인가요? How much are these per kilo?	킬로당 10달러입니다. 10 dollars per kilo.
5 무게 측정	이것들을 무게 좀 달아 주세요? ❷ Could you weigh these?	네, 5킬로그램입니다. Of course, it's 5kg.

3. 핵심단어

쇼핑카트	~의 앞쪽에	식료품점
shopping cart	front of~	grocery store
과일 코너	통로	판매하다
fruits corner	aisle	sell
무게	킬로당	무게를 달다
weight	per kilo	weigh

출국 〉 기내 〉 도착 〉 교통 〉 호텔 〉 식사 〉 관광
귀국 〉 문제발생 〉 편의시설 〉 **쇼핑** 〉 엔터테인먼트

1. 핵심패턴 3 … 여행자

이렇게 말해보세요

① ~을 어떻게 판매하시나요? — How do you sell ~ ?
② ~을 무게 좀 달아 주세요? — Could you weigh ~ ?
③ ~의 원산지는 어디인가요? — What's the place of origin ~ ?

2. 단계별 핵심대화 상대방 여행자

6 개당 가격	이건 1개에 얼마인가요? How much is this per piece?	1개에 1달러입니다. One dollar for a piece.
7 특산품	이 지방의 특산품은 어떤 것이 있나요? What are the special local products?	이 지역 특산품으로는 사과가 좋아요. Apples are being ❷ **favored as** the special local products.
8 원산지	이것의 원산지는 어디인가요? ❸ What's the place of origin for this one?	라벨에 원산지와 생산자가 나와 있어요. The place of origin and producer's name are printed on the label.
9 유통기한	이것의 유통기한은 언제까지인가요? How long is this good for?	유통기한은 15일까지입니다. ❸ It's sell-by date is till 15th.
10 포장	종이봉투로 드릴까요? 비닐봉투로 드릴까요? Paper or plastic?	비닐봉투로 주세요. Plastic bag, please.

3. 핵심단어

1개에 per piece	지방 특산품 special local product	~로는 ~가 좋다 be favored as
원산지 place of origin	생산자 producer's name	라벨 label
유통기한 sell-by date	~까지 till	비닐봉투 plastic bag

07
전자제품

1. 핵심패턴 3 ... 상대방
이런 표현을 듣게 돼요

1. ~보다 훨씬 가벼워요.   It's much lighter than ~ .
2. ~때문에 비쌉니다.   It's expensive because of ~ .
3. ~ 하는 만큼   as much as ~ .

2. 단계별 핵심대화   상대방   여행자

1 찾는 모델	무엇을 찾고 계신가요? What are you looking for?	최신 모델 카메라를 찾고 있어요. ❶ I'm looking for the latest camera models.
2 최신 모델	이게 최신 모델인가요? Is this the newest model?	올해 인기가 가장 좋은 최신모델입니다. That's the latest and most popular model of this year.
3 다른 모델	다른 모델을 볼 수 있을까요? ❷ Can I see other models?	그래요. 여기 다른 모델들도 있습니다. Sure, you can. Here are other models.
4 특징	이 제품의 특징이 뭔가요? What are the special features of this product?	그것들은 액정이 더 크고 가볍습니다. They are lighter and have larger LCDs.
5 기능	어떤 기능들이 있나요? What about the functions?	다양한 최신 기능들이 있어 아주 편리합니다. There are various latest fuctions offering much convenience.

3. 핵심단어

~을 찾다 look for	최신의 latest	최신의 newest
특징 feature	더 가벼운 lighter	더 큰 larger
기능 function	다양한 various	편리함 convenience

| 출국 | 기내 | 도착 | 교통 | 호텔 | 식사 | 관광 |
| 귀국 | 문제발생 | 편의시설 | **쇼핑** | 엔터테인먼트 | | |

1. 핵심패턴 3 여행자

이렇게 말해보세요

① ~를 찾고 있어요. I'm looking for ~ .
② ~을 볼 수 있을까요? Can I see ~ ?
③ ~한 것 같은데요? It seems ~ .

2. 단계별 핵심대화 상대방 여행자

6 무게	무게는 어떤가요? How about the weight?	예전보다 훨씬 가벼워요. ❶ It's much lighter than before.
7 휴대성	휴대하기가 편리하나요? How about portability?	가지고 다니기 아주 편리하고 내구성도 좋습니다. Very easy to carry and also quite durable.
8 가격	가격이 너무 비싼 것 같은데요? ❸ It seems that the price is too expensive.	고스펙 사양이라 비쌉니다. 이보다 저렴한 모델도 있습니다. ❷ It's expensive because of its high specifications". We do have cheaper models also.
9 테스트	좀 더 테스트해봐도 되나요? Can I test the product a little more?	물론요. 마음껏 사용해 보세요. Sure, ❸ as much as you want!
10 구매	좋네요. 이것으로 주세요. I like it. I'll take this one.	사은품으로 휴대용 가방을 챙겨드릴게요. I'll give you a carry-on bag as a free gift.

3. 핵심단어

무게 weight	더 가벼운 much lighter	휴대성 portability
내구성 좋은 durable	비싼 expensive	고스펙 사양 high specification
테스트하다 test	~하는 만큼 as much as	사은품 free gift

08
기념품

1. 핵심패턴 3 ··· 상대방

이런 표현을 듣게 돼요

① 저것들이 ~합니다. Those ones are ~ .
② ~으로는 이런 것들이 인기가 좋습니다. These are popular as ~ .
③ 이것은 ~을 의미합니다. It signifies ~ .

2. 단계별 핵심대화   상대방   여행자

	상대방	여행자
1 기념품 구경	안녕하세요. 도와드릴까요? Hi, how may I help you?	선물용 기념품을 찾고 있어요. I'm looking for some souvenirs.
2 찾는 제품	사람들이 가장 많이 사는 게 뭔가요? ❶ <u>Do you have</u> anything special?	특별히 찾는 거라도 있으세요? Anything in particular?
3 판매 현황	대부분 열쇠고리와 병따개를 사 가세요. Many people buy glass ornaments and decorations.	너무 특색이 없네요. They are too common.
4 인기 제품	어느 것이 제일 인기가 있나요? ❷ <u>Which is the most popular</u> one?	카운터 위에 있는 저것들이 인기가 좋아요. ❶ <u>Those ones</u> on the counter <u>are</u> popular.
5 선물용 제품	아이들에게는 어떤 선물이 좋을까요? What would be the appropriate gifts for the children?	아이들에게는 티셔츠가 인기가 좋습니다. T-shirts are preferred by the children.

3. 핵심단어

기념품	특별한	특별히
souvenir	special	in particular
장신구	장식품	특색 없는
ornament	decoration	common
인기 있는	적당한	선호하다
popular	appropriate	prefer

출국 > 기내 > 도착 > 교통 > 호텔 > 식사 > 관광
귀국 > 문제발생 > 편의시설 > **쇼핑** > 엔터테인먼트

1. 핵심패턴 3 ··· 여행자

이렇게 말해보세요

1. ~가 있나요? — Do you have ~ ?
2. 어느 것이 제일 인기가 있나요? — Which is the most popular ~ ?
3. 좀 더 ~인 것은 없나요? — Is there anything more ~ ?

2. 단계별 핵심대화 상대방 여행자

6 전통제품	좀 더 전통적인 것은 없나요? ❸ Is there anything more traditional?	전통상품으로는 이런 것들이 인기가 좋습니다. ❷ These are popular as the traditional items.
7 의미	이건 어떤 의미가 있는 물건인가요? Does this have a special meaning?	이것은 번영을 의미합니다. Yes, ❸ it signifies the prosperity.
8 대량구매	몇 개 드릴까요? How many would you like?	이것 5개와 저것 5개 주세요. 5 of these and 5 of those, please.
9 특산품	특산품으로는 무엇이 있나요? What special products do you have here?	손으로 조각한 크리스털이 있습니다. 세계적으로 유명합니다. We have hand-cut crystals. Very famous around the world.
10 건강용품	건강용품으로는 뭐가 있나요? Do you have any health care products?	건강용품은 이쪽 코너에 있습니다. Health care products are displayed on this corner.

3. 핵심단어

전통적인 traditional	상품 item	특별한 의미 special meaning
의미하다 signify	번영 prosperity	특산품 special product
손으로 조각한 hand-cut	유명한 famous	건강용품 health care product

⑩ 편의시설

01 우체국	듣기	☐ ~를 적어 주세요. ☐ ~정도 걸릴 거예요. ☐ ~에 따라 다릅니다.	Please write ~ . It'll take around ~ . It depends on ~ .
	말하기	☐ ~하고 싶어요. ☐ ~하는 데 며칠이나 걸릴까요? ☐ ~하는 데 얼마예요?	I'd like to ~ . How long will it take to ~ ? How much does it cost to ~ ?
02 공중 전화	듣기	☐ 거기에 ~ 하나가 있어요. ☐ ~가 있기 때문이에요. ☐ 몸 조심하세요.	There's one ~ . It's because there's ~ . Take care of yourself.
	말하기	☐ ~ 사용법을 알려 주세요. ☐ ~에게 메시지를 남겨도 될까요? ☐ 언제쯤 ~할까요?	Please show me how to use ~ . Can I leave a message for ~ ? When do you expect ~ ?
03 국제 전화 카드	듣기	☐ ~에서 구입할 수 있어요. ☐ 사용 설명은 ~에 나와 있어요. ☐ ~할 때까지 끊지 마세요.	You can buy it at ~ . The instruction is on ~ . Please do not hang up until ~ .
	말하기	☐ ~에서 구입할 수 있나요? ☐ ~은 몇 분짜리 입니까? ☐ ~을 어떻게 사용하나요?	Where can I get ~ ? How many minutes does ~ ? How do I use ~ ?
04 인터넷 카페	듣기	☐ ~에 하나 있습니다. ☐ ~하여야 합니다. ☐ ~로 옮기셔도 됩니다.	There's one on ~ . You have to ~ . You can move to ~ .
	말하기	☐ 근처에 ~이 있나요? ☐ 제가 ~ 할 수 있을까요? ☐ ~ 좀 주실래요?	Is there ~ around here? Will I be able to ~ ? Can you give ~ ?

여행 영어회화 필수 패턴 실력 테스트
사전체크로 나의 실력을 알아보세요.

05 이메일·팩스	듣기	☐ ~을 이용하세요. ☐ ~인 것 같네요. ☐ ~를 주세요.	Please use ~ . It seems ~ . Let me have ~ .
	말하기	☐ ~를 사용하고 싶어요. ☐ ~은 어떻게 하나요? ☐ ~할 수 없어요.	I'd like to use ~ . How do I ~ ? I'm unable to ~ .
06 주유소	듣기	☐ 거의 다 ~ 해요. ☐ ~의 옆에 있어요. ☐ ~으로 할까요?	It's almost ~ . It's next to ~ . Do you want ~ ?
	말하기	☐ ~이 얼마나 남았나요? ☐ ~을 채워 주세요. ☐ ~할 수 있나요?	How much ~ have left? Please, fill up ~ . Can I get ~ ?
07 은행	듣기	☐ ~을 정지시켰습니다. ☐ ~를 알려 주세요. ☐ ~이 ~보다 크지 않으면 ~ .	We've suspended ~ . Let me know ~ . ~ no more than ~ .
	말하기	☐ ~해 주시겠습니까? ☐ ~은 얼마인가요? ☐ ~를 바로 발급받을 수 있을까요?	Will you ~ ? What's the ~ charge would be? Can I have ~ issued immediately?
08 ATM	듣기	☐ ~안에 있을 거예요. ☐ ~를 넣으세요. ☐ ~로 도움을 요청하세요.	You can find one inside ~ . Please insert ~ . Call for help with ~ .
	말하기	☐ ~를 알려 주시겠어요? ☐ ~에서 돈이 틀리게 나왔어요. ☐ ~이 고장 났어요.	Could you tell me ~ ? ~ gave me the wrong amount. ~ is out of order.

01 우체국

1. 핵심패턴 3 — 상대방

이런 표현을 듣게 돼요

1. ~를 적어 주세요. — Please write ~ .
2. ~정도 걸릴 거예요. — It'll take around ~ .
3. ~에 따라 다릅니다. — It depends on ~ .

2. 단계별 핵심대화 상대방 / 여행자

1. 우편물	이 편지를 한국으로 부치고 싶어요. ❶ I'd like to send this letter to Korea.	여기에 주소를 정확히 적어 주세요. ❶ Please write the exact address here.
2. 우편 종류	속달과 보통 우편 중 어떤 걸로 보내시겠습니까? Would you like to send it by express or regular service?	속달로 보내 주세요. By express mail, please.
3. 요금	속달 요금은 얼마인가요? What's the express charge?	10달러 입니다. 10 dollars.
4. 도착 시기	한국에 도착하는 데 며칠이나 걸릴까요? ❷ How long will it take to arrive in Korea?	대략 7일 정도 걸릴 거예요. ❷ It'll take around 7 days.
5. 우편 번호	저기 우편번호부 책에서 우편번호를 찾아 적어 주세요. Please write down the zip code after finding it from the postal code book over there.	네. 여기 적었습니다. OK, I wrote it here.

3. 핵심단어

정확한 exact	주소 address	속달로 by express
보통 우편 regular service	요금 charge	도착하다 arrive in
~정도 걸리다 take around	적다 write down	우편번호 zip code

180

출국 〉 기내 〉 도착 〉 교통 〉 호텔 〉 식사 〉 관광
귀국 〉 문제발생 〉 **편의시설** 〉 쇼핑 〉 엔터테인먼트

1. 핵심패턴 3 … 여행자

이렇게 말해보세요

❶	~하고 싶어요.	I'd like to ~ .
❷	~하는 데 며칠이나 걸릴까요?	How long will it take to ~ ?
❸	~하는 데 얼마예요?	How much does it cost to ~ ?

2. 단계별 핵심대화 상대방 여행자

6	소포	이 소포를 한국으로 보내려면 비용이 얼마예요? ❸ How much does it cost to deliver this parcel to South Korea?	무게에 따라 다릅니다. ❸ It depends on how much it weighs.
7	내용물	안에 뭐가 들어 있나요? What's in it?	모두 개인 용품들이에요. They're all personal goods.
8	깨지기 쉬운 물건	깨지는 물건이 있나요? Is there anything fragile?	아니요. 아무것도 없습니다. No, nothing at all!
9	항공편 · 선편	항공편인가요? 선편인가요? By airmail or seamail?	항공편으로 보내 주세요. By airmail, please.
10	우편 보험	우편 보험에 가입하시겠어요? Do you want to have this parcel insured?	그래요. 만약을 대비해서 우편 보험에 가입할게요. Yes, I'll buy the postal insurance just in case.

3. 핵심단어

보내다 deliver	~에 따라 다르다 depend on	개인 용품 personal good
깨지기 쉬운 fragile	아무것도 없는 nothing at all	항공편 airmail
선편 seamail	보험 insurance	만약을 대비해서 just in case

02
공중전화

1. 핵심패턴 3 ··· 상대방

이런 표현을 듣게 돼요

- ❶ 거기에 ~ 하나가 있어요. — There's one ~ .
- ❷ ~가 있기 때문이에요. — It's because there's ~ .
- ❸ 몸 조심하세요. — Take care of yourself.

2. 단계별 핵심대화 상대방 / 여행자

	여행자	상대방
1 공중전화 위치	근처에 공중전화가 있나요? Is there a public phone around here?	저기 버스정류장 옆에 하나가 있어요. ❶ <u>There's one</u> next to bus stop over there.
2 동전 교환	전화를 걸고 하는데 잔돈을 좀 바꿀 수 있을까요? I'd like make a phone call and can you exchange some changes?	네. 그래요. 바꿔드릴게요. Sure, I'll do it for you.
3 전화 거는 방법	전화기 사용법을 알려 주세요. ❶ <u>Please show me how to use</u> the phone.	동전을 넣고 지역번호와 전화번호를 누르세요. All right, put the coins in the slot and dial the area code and phone number.
4 부재중	지금은 아무도 받지 않네요. No one's answering now.	나중에 다시 해 보세요. Try it later.
5 메시지 남기기	이 선생님께 메시지를 남겨도 될까요? ❷ <u>Can I leave a message for</u> Mr. Lee?	네. 뭐라고 전해드릴까요? Sure, what is your message?

3. 핵심단어

공중전화	~옆에	전화
public phone	next to	phone call
교환하다	잔돈	사용법
exchange	change	how to use
지역번호	전화를 받다	메시지를 남기다
area code	answer	leave a message

| 출국 | 기내 | 도착 | 교통 | 호텔 | 식사 | 관광 |
| 귀국 | 문제발생 | **편의시설** | 쇼핑 | 엔터테인먼트 | | |

1. 핵심패턴 3 ... 여행자

이렇게 말해보세요

1. ~ 사용법을 알려 주세요.   Please show me how to use ~ .
2. ~에게 메시지를 남겨도 될까요? Can I leave a message for ~ ?
3. 언제쯤 ~할까요?   When do you expect ~ ?

2. 단계별 핵심대화 상대방 여행자

6 메시지 전달	김에게서 전화가 왔다고 전해 주세요. Please tell her that Kim has called.	네. 그렇게 전달해 드리겠습니다. OK, I'll convey the message.
7 재통화 시도	언제쯤 그녀가 돌아올까요? ❸ When do you expect her back?	30분 후에 돌아오니 그때 다시 전화를 주세요. She will be back in about 30 minutes. Please call again then.
8 통화중	여러 번 전화했는데, 이제야 연결되었네요. I got you finally. I called you several times.	오늘 무척 바빴어요. I was very busy today.
9 크게	잘 안 들립니다. 좀 크게 말씀해 주세요. Please speak a little louder. I can't hear you well.	죄송해요. 주변이 너무 시끄러워서 그래요. Sorry, ❷ it's because there's so much noise around here.
10 끊을 때	이제 끊겠습니다. I'm hanging up now.	그래요. 몸 조심히 여행하세요. Sure, ❸ take care of yourself while travelling.

3. 핵심단어

전달하다 convey	예상하다 expect	돌아오다 be back
마침내 finally	더 크게 louder	소음 noise
끊다 hang up	~을 조심하다 take care of	~하는 동안 while

03
국제전화카드

1. 핵심패턴 3 · 상대방
이런 표현을 듣게 돼요

1. ~에서 구입할 수 있어요. You can buy it at ~ .
2. 사용 설명은 ~에 나와 있어요. The instruction is on ~ .
3. ~할 때까지 끊지 마세요. Please do not hang up until ~ .

2. 단계별 핵심대화 상대방 / 여행자

1. 국제전화카드	국제전화카드는 어디에서 구입할 수 있나요? ❶ Where can I get an international phone card?	저기 신문 가판대에서 구입할 수 있어요. ❶ You can buy it at the newspaper stand over there.
2. 전화카드 구매	50달러짜리 국제전화카드 1장 주세요. A 50-dollar international phone card, please.	50달러짜리는 다 팔렸고, 20달러짜리가 있습니다. All 50-dollar cards have been sold out and only 20s' are left.
3. 사용 가능 시간	이 전화카드는 몇 분짜리입니까? ❷ How many minutes does this phone card have?	일반 전화는 100분이고 핸드폰은 40분 사용할 수 있어요. 100 minutes for landlines and 40 minutes for mobile phones.
4. 사용 방법	어떻게 사용하나요? ❸ How do I use it?	사용 설명은 카드 뒷면에 나와 있어요. ❷ The instruction is on the back of the card.
5. 1분당 통화료	1분당 통화료는 얼마인가요? What are the rates per minute?	한국으로는 1분당 10센트입니다. For Korea, 10 cents per minute.

3. 핵심단어

국제전화카드 international phone card	신문가판대 newspaper stand	다 팔리다 sold out
남다 leave	일반 전화 landline	핸드폰 mobile phone
사용 설명 instruction	요금 rate	1분당 per minute

출국	기내	도착	교통	호텔	식사	관광
귀국	문제발생	**편의시설**	쇼핑	엔터테인먼트		

1. 핵심패턴 3 · 여행자

이렇게 말해보세요

❶ ~에서 구입할 수 있나요?	Where can I get ~ ?
❷ ~은 몇 분짜리 입니까?	How many minutes does ~ ?
❸ ~을 어떻게 사용하나요?	How do I use ~ ?

2. 단계별 핵심대화   상대방   여행자

		상대방	여행자
6	국제전화	교환원입니다. 무엇을 도와드릴까요? Operator, may I help you?	한국 서울에 전화하고 싶습니다. I'd like to place a call to seoul, korea?
7	번호통화	서울에 번호 통화를 부탁합니다. I'd like an operator assistance call to Seoul.	지역번호와 전화번호를 알려 주세요. Area code and phone number, please?
8	전화번호	지역번호는 02이고, 전화번호는 564-2837입니다. The area code is 02 and the phone number is 564-2837.	걸릴 때까지 끊지 마세요. ❸ Please do not hang up <u>until</u> the connection has been made.
9	통화연결	나왔습니다. 말씀하세요. Your party is on the line, go ahead, please.	감사합니다. Thank you.
10	콜렉트 콜	콜렉트 콜로 서울 02-564-2837을 연결해주세요. A collect call to Seoul, please. The number is 02-564-2837.	연결되었습니다. 통화하세요. The connection has been established, go ahead, please.

3. 핵심단어

교환원 operator	전화하다 place a call	번호 통화 assistance call
지역번호 area code	전화번호 phone number	연결 connection
계속하다 go ahead	콜렉트 콜 collect call	연결하다 establish

04 인터넷 카페

1. 핵심패턴 3 … 상대방

이런 표현을 듣게 돼요

① ~에 하나 있습니다. — There's one on ~ .
② ~하여야 합니다. — You have to ~ .
③ ~로 옮기셔도 됩니다. — You can move to ~ .

2. 단계별 핵심대화 상대방 / 여행자

#	주제	여행자	상대방
1	인터넷 카페 위치	근처에 인터넷 카페가 있나요? ❶ Is there an internet cafe around here?	네, 근처 쇼핑몰 2층에 하나 있습니다. Yes, ❶ there's one on the 2nd floor of nearby shopping mall.
2	인터넷 사용	1시간 동안 인터넷을 사용할 수 있을까요? ❷ Will I be able to use internet for an hour?	미안합니다. 10분 정도 기다려야 합니다. I'm sorry. ❷ You have to wait about 10 minute.
3	시간당 요금	1시간당 이용 요금은 얼마인가요? How much is it per hour?	음료수 포함 10달러입니다. 10 dollars with beverage.
4	한글 사용	한글을 지원하는 컴퓨터가 있나요? Do you have a computer that supports Korean(fonts)?	저쪽 컴퓨터는 한글을 사용할 수 있어요. Korean can be used with the computer over there.
5	한글 다운로드	한글을 다운받을 수 있을까요? Can I download a Korean language program?	네, 이쪽 컴퓨터에 다운받으세요. Yes, download it with the computer on this side.

3. 핵심단어

인터넷 카페 internet cafe	층 floor	쇼핑몰 shopping mall
인터넷 internet	1시간 동안 for an hour	음료수 beverage
지원하다 support	한글 Korean	다운로드하다 download

| 출국 | 기내 | 도착 | 교통 | 호텔 | 식사 | 관광 |
| 귀국 | 문제발생 | 편의시설 | 쇼핑 | 엔터테인먼트 | | |

1. 핵심패턴 3 ··· 여행자

이렇게 말해보세요

① 근처에 ~이 있나요? — Is there ~ around here?
② 제가 ~ 할 수 있을까요? — Will I be able to ~ ?
③ ~ 좀 주실래요? — Can you give ~ ?

2. 단계별 핵심대화 상대방 여행자

6 자료 검색	정보 검색을 할 것이 있는데요. I need to search some information.	네. 이 컴퓨터를 이용하세요. Sure, use this computer.
7 자리 이동	저쪽 자리로 옮겨도 될까요? Can I move to a seat over that side?	저쪽 빈자리로 옮기셔도 됩니다. ③ You can move to the vacant seat over that side.
8 헤드폰	헤드폰 좀 주실래요? ③ Can you give me a headset?	여기 있습니다. Here you go.
9 이메일 확인	이메일 확인을 할 수 있나요? Can I access my E-mail?	네. 가능합니다. 이 컴퓨터를 쓰세요. Sure, you can use this computer.
10 프린터 사용	프린터를 사용할 수 있을까요? Can I use a printer, please?	네. 가능합니다. 프린터 사용료는 1장당 10센트입니다. Yes, the printer fee is 10 cents per page.

3. 핵심단어

검색하다 search	정보 information	사용하다 use
~로 이동하다 move to ~	빈자리 vacant seat	헤드폰 headset
접속하다 access	프린터 사용료 printer fee	1장당 per page

05
이메일 · 팩스

1. 핵심패턴 3 — 상대방
이런 표현을 듣게 돼요

❶ ~을 이용하세요.	Please use ~ .
❷ ~인 것 같네요.	It seems ~ .
❸ ~를 주세요.	Let me have ~ .

2. 단계별 핵심대화 상대방 여행자

1 이메일 확인	호텔 내에 이메일을 확인할 수 있는 곳이 있나요? Is there a place for me to check my E-mails in the hotel?	1층의 비즈니스센터를 이용하세요. ❶ <u>Please use</u> the business center on the first floor.
2 컴퓨터 사용	이메일 확인을 위해 컴퓨터를 사용하고 싶어요. ❶ <u>I'd like to use</u> a computer to check E-mails.	네, 저쪽 컴퓨터를 이용하세요. Sure, please use the computer on that side.
3 인터넷 접속	인터넷 접속은 어떻게 하나요? ❷ <u>How do I</u> connect to internet?	잠시만요. 제가 가르쳐 드릴게요. Wait a moment, please. I will show you.
4 첨부 파일	이메일의 첨부파일을 볼 수가 없어요. ❸ <u>I'm unable to</u> open my E-mail attachments.	파일이 너무 커서 안 열리는 것 같네요. ❷ <u>It seems</u> that the files are too big to be opened.
5 이메일 발송	이메일 발송이 안 돼요. 무슨 문제가 있나요? I can't send the E-mail. Is there any problem?	인터넷 네트워크에 문제가 있습니다. 잠시 후에 다시 해 보세요. There is a problem with the internet network. Please try again a little later.

3. 핵심단어

장소 place	비즈니스센터 business center	접속하다 connect
잠시만요 wait a moment	~을 할 수 없다 be unable to~	첨부 attachment
~인 것 같다 seem	보내다 send	잠시 후 a little later

출국	기내	도착	교통	호텔	식사	관광
귀국	문제발생	**편의시설**	쇼핑	엔터테인먼트		

1. 핵심패턴 3 ··· 여행자

이렇게 말해보세요

❶ ~를 사용하고 싶어요.	I'd like to use ~ .
❷ ~은 어떻게 하나요?	How do I ~ ?
❸ ~할 수 없어요.	I'm unable to ~ .

2. 단계별 핵심대화   상대방   여행자

6	팩스 사용	여기서 팩스를 보낼 수 있나요? Can I send a fax from here?	네, 물론입니다. 어느 나라로 보내실 건가요? Yes, of course. Which country are you sending it to?
7	팩스 보내기	한국 서울로 팩스를 보내려고 하는데요. I'd like to send a fax to Seoul, Korea.	네, 서류를 주세요. Sure, ❸ <u>let me have</u> the documents.
8	팩스 번호	팩스번호가 어떻게 되나요? What's the fax number?	팩스번호는 02-502-7474입니다. The fax number is 02-502-7474.
9	작성 양식	이 신청서를 작성해 주세요. Please fill out this application form.	네, 신청서 여기 있습니다. OK, here's the application form.
10	재전송	(팩스 내용의) 끝이 잘렸다 하네요. 다시 한번 보내주세요. The last part did not go through! Please send it again.	다시 보내 드릴게요. We'll try again.

3. 핵심단어

팩스 보내다 send a fax	나라 country	서류 document
팩스번호 fax number	작성하다 fill out	신청서 application form
끝 부분 The last part	통과되다 go through	다시 하다 try again

06 주유소

1. 핵심패턴 3 ··· 상대방

이런 표현을 듣게 돼요

1. 거의 다 ~해요.
2. ~의 옆에 있어요.
3. ~으로 할까요?

It's almost ~.
It's next to ~.
Do you want ~ ?

2. 단계별 핵심대화   상대방   여행자

1 연료양	차에 기름이 얼마나 남았나요? ❶ How much gas do we have left?	거의 다 떨어져 가요. ❶ It's almost empty.
2 주유소 위치	기름 넣어야겠어요. 이 근처에 주유소가 있나요? We should get some gas. Is there a gas station?	쇼핑몰 옆에 있어요. ❷ It's next to the mall.
3 주유양	어서 오세요. 얼마나 넣을까요? Hello. How much do you want?	휘발유로 가득 채워 주세요. Give me a full tank of gas.
4 자동차 위치	조금만 뒤로 빼 주세요. Could you back up a little, please?	그렇게 하겠습니다. Sure.
5 종류	고급으로 할까? 일반으로 할까요? ❸ Do you want premium or regular?	일반으로 넣어 주세요. Regular, please.

3. 핵심단어

기름 gas	남다 have left	빈 empty
주유소 gas station	~옆에 next to~	쇼핑몰 mall
고급 premium	일반 regular	준비가 되어 있다 ~be all set

| 출국 | 기내 | 도착 | 교통 | 호텔 | 식사 | 관광 |
| 귀국 | 문제발생 | **편의시설** | 쇼핑 | 엔터테인먼트 | | |

1. 핵심패턴 3 … 여행자

이렇게 말해보세요

❶ ~이 얼마나 남았나요?	How much ~ have left?
❷ ~을 채워 주세요.	Please, fill up ~ .
❸ ~할 수 있나요?	Can I get ~ ?

2. 단계별 핵심대화 상대방 여행자

6	시동 끔	주유 중에 시동을 꺼 주세요. Please, turn off the ignition while filling up the gas.	껐습니다. I did.
7	주유 금액	40달러어치만 넣어 주세요. Give me a forty dollars of gas.	다 됐습니다. You're all set.
8	워셔액 주입	워셔액 좀 채워 주세요. ❷ Please, fill up the washer liquid.	네. 서비스로 채워드리겠습니다. Sure, I'll do it for free.
9	세차	세차할 수 있나요? ❸ Can I get a car wash?	네, 가능합니다. 이쪽으로 줄을 서 주세요. Sure, you can. Please line up here.
10	내부 세차	내부 세차도 해 주세요. Please, clean inside too.	내부 세차비는 10달러입니다. Interior cleaning will be 10 dollars.

3. 핵심단어

뒤로 빼다 back up	끄다 turn off	시동 ignition
워셔액 washer liquid	무료로 for free	세차 car wash
줄서다 line up	내부 세차 clean inside	세차 cleaning

07 은행

1. 핵심패턴 3 · 상대방

이런 표현을 듣게 돼요

1. ~을 정지시켰습니다. — We've suspended ~ .
2. ~를 알려 주세요. — Let me know ~ .
3. ~이 ~보다 크지 않으면 ~. — ~ no more than ~ .

2. 단계별 핵심대화 · 상대방 / 여행자

1 여행자 수표 환전	이 여행자수표를 현금으로 바꾸어 주시겠습니까? ❶ Will you cash in this traveler's check for me?	네, 알겠습니다. Sure.
2 수표 이서	수표에 이서를 해 주시겠습니까? Could you endorse this check, please?	네, 여기 이서하였습니다. Yes, I endorsed it.
3 신용 카드 분실	카드를 어디에선가 잃어버렸어요. I lost my credit card somewhere!	기존것은 정지시키고 새 카드를 발급해드릴게요. ❶ We've suspended the existing card and shall issue a new one for you.
4 신용 카드 수령지	카드 수령지 주소를 알려 주세요. ❷ Let us know the address where you can receive a new card.	이 주소로 보내 주세요. Please send it to this address.
5 출금	현금을 찾고 싶습니다. I'd like to withdraw some cash.	신분증을 보여 주시고 출금표를 작성해 주세요. Please show me your ID and make out a withdrawal slip.

3. 핵심단어

여행자수표 traveler's check	이서하다 endorse	어디에선가 somewhere
정지하다 suspend	기존 카드 existing card	발급하다 issue
수령하다 receive	출금하다 withdraw	출금표 withdrawal slip

출국 〉 기내 〉 도착 〉 교통 〉 호텔 〉 식사 〉 관광
귀국 〈 문제발생 〈 **편의시설** 〈 쇼핑 〈 엔터테인먼트

1. 핵심패턴 3 여행자

이렇게 말해보세요

1. ~해 주시겠습니까? — Will you ~ ?
2. ~은 얼마인가요? — What's the ~ charge would be?
3. ~를 바로 발급받을 수 있을까요? — Can I have ~ issued immediately?

2. 단계별 핵심대화 상대방 여행자

6 송금	한국으로 송금을 하고 싶은데요. I'd like to send some money to Korea.	전신으로 보내실 건가요 은행 수표로 보내실 건가요? By wire or by bank draft?
7 송금 수수료	송금 수수료는 얼마인가요? ❷ What's the remittance charge would be?	10,000달러 이하이면 40달러입니다. 40 dollars, if the amount is ❸ no more than 10,000 dollars.
8 입금표 작성	입금표를 작성해 주시겠습니까? Could you please fill out this deposit slip?	네, 여기 있습니다. Yes, of course. Here you go.
9 계좌 개설	계좌를 개설하고 싶어요. I'd like to open an account.	당좌입니까 아니면 일반 예금입니까? Will it be current or savings account?
10 현금 카드 발급	현금카드를 바로 발급받을 수 있을까요? ❸ Can I have my ATM card issued immediately?	예, 물론입니다. 바로 발급해드리겠습니다. Yes, of course. We will issue one right away.

3. 핵심단어

전신으로 by wire	은행 수표로 by bank draft	송금 수수료 remittance charge
총액 amount	작성하다 fill out	입금표 deposit slip
계좌 account	일반 예금 savings account	즉시 immediately

08
ATM

1. 핵심패턴 3 ··· 상대방
이런 표현을 듣게 돼요

❶ ~안에 있을 거예요.   You can find one inside ~ .
❷ ~를 넣으세요.   Please insert ~ .
❸ ~로 도움을 요청하세요.   Call for help with ~ .

2. 단계별 핵심대화 상대방 여행자

1 ATM 위치	근처에 현금지급기가 있나요? Are there any ATM machines nearby?	저기 편의점 안에 있을 거예요. ❶ You can find one inside that convenience store.
2 ATM 사용법	이 기계를 어떻게 사용하는지 알려 주시겠어요? ❶ Could you tell me how to use this machine, please?	어렵지 않아요. 한 단계씩 같이 해 보아요. OK, it's not difficult. Let's try step by step.
3 카드 삽입	카드를 넣으세요. ❷ Please insert your card.	투입구에 카드를 넣었습니다. I put the card into the slot.
4 PIN 넘버	비밀번호를 누르고 엔터키를 누르세요. Enter your pin number and then press ENTER key.	입력했어요. Entered.
5 거래 선택	거래를 선택하세요. Select the transaction type.	출금입니다. It's a withdrawal.

3. 핵심단어

현금지급기 ATM machine	편의점 convenience store	어려운 difficult
한 단계씩 step by step	넣다 insert	~을 넣다 put into
비밀번호 pin number	거래 transaction	출금 withdrawal

출국 〉 기내 〉 도착 〉 교통 〉 호텔 〉 식사 〉 관광
귀국 〈 문제발생 〈 **편의시설** 〈 쇼핑 〈 엔터테인먼트

1. 핵심패턴 3   여행자

이렇게 말해보세요

① ~를 알려주시겠어요? — Could you tell me ~ ?
② ~에서 돈이 틀리게 나왔어요. — ~ gave me the wrong amount.
③ ~이 고장 났어요. — ~ is out of order.

2. 단계별 핵심대화   상대방 여행자

6	거래 금액	찾고자 하는 금액을 누르세요. Press the amount that you want to withdraw.	200달러요. It's 200 dollars.
7	현금·명세표 수취	현금과 명세표를 받으세요. Take your cash and the transaction slip.	도와주셔서 감사합니다. OK, done.
8	출금 금액 착오	현금인출기에서 돈이 틀리게 나왔어요. The machine ② gave me the wrong amount.	그럴 리가요? 다시 한 번 확인해 보세요. That's impossible! Check once again.
9	카드 삼킴	현금인출기가 제 카드를 먹어버렸어요. The ATM machine just swallowed my card.	기계에 부착된 전화기로 도움을 요청하세요. ③ Call for help with the phone attached to the machine.
10	지급기 고장	이 현금인출기가 고장 났어요. This ATM ③ is out of order.	그럼 옆에 있는 다른 현금인출기를 사용해 보세요. Well, try another ATM.

3. 핵심단어

총액 amount	출금하다 withdraw	명세표 transaction slip
틀린 wrong	불가능한 impossible	다시 한 번 once again
삼키다 swallow	~에 부착된 attached to~	고장 나다 be out of order

⑪ 문제발생

01 의사 소통	듣기	☐ 다른 ~를 말할 줄 아세요? ☐ ~를 이해할 수 있나요? ☐ ~를 설명하실 수 있나요?	Do you speak any other ~ ? Do you understand ~ ? Can you describe ~ ?
	말하기	☐ ~를 잘 못해요. ☐ ~해 주시면 알아들을 수 있겠어요. ☐ ~로는 설명할 수 없어요.	I don't speak ~ . I could understand if ~ . I can't explain it in ~ .
02 실종	듣기	☐ ~를 알려 주시겠어요? ☐ 마지막으로 ~를 목격한 사람이 누구인가요? ☐ ~를 찾았어요.	Can you tell me ~ ? Who saw ~ last? We've found ~ .
	말하기	☐ ~가 필요해요. ☐ 전 원래 ~하기로 했어요. ☐ ~한 사람은 저일 겁니다.	I need ~ . I was supposed to ~ . I could be the one who ~ .
03 도난	듣기	☐ ~를 설명해 주세요. ☐ 어떤 종류의 ~인가요? ☐ ~로 어떻게 연락드릴까요?	Please explain ~ . What kind of ~ is it? How can we contact ~ ?
	말하기	☐ ~를 당했어요. ☐ ~을 갑자기 채 갔어요. ☐ ~로 저한테 연락 주세요.	I got ~ . Someone suddenly snatched away ~ . Please contact me at ~ .
04 분실	듣기	☐ ~는 확인해 보셨어요? ☐ ~에 있어요. ☐ ~를 만들어 드릴게요.	Have you checked with ~ ? It's at ~ . I'll prepare ~ .
	말하기	☐ ~를 보셨나요? ☐ ~에 가방을 놓고 내렸어요. ☐ ~하려면 어디로 가야 하나요?	Have you seen ~ ? I left bag on ~ . Where should I go ~ ?

여행 영어회화 필수 패턴 실력 테스트

사전체크로 나의 실력을 알아보세요.

05 병원	듣기	☐ 오른편에 ~이 있어요. ☐ ~를 말씀해 주세요? ☐ ~가 있으신가요?	~ will be on the right side. Can you describe ~ ? Do you have any ~ ?
	말하기	☐ ~하고 싶어요. ☐ 예약을 안 했습니다만 ~ . ☐ ~를 주시겠어요?	I'd like to ~ . I don't have an appointment, but ~ . Would you give me ~ ?
06 약국	듣기	☐ ~ 여기 있습니다. ☐ 언제부터 ~이 있었나요? ☐ ~해드릴게요.	Here's ~ . When did ~ appear? I will prepare ~ .
	말하기	☐ 계속해서 ~ 해요. ☐ 어떻게 ~해야 하나요? ☐ ~는 있나요?	I keep on ~ . How should I take ~ ? Are there any ~ ?
07 차고장	듣기	☐ ~를 알려 주세요. ☐ ~한 것 같아요. ☐ ~ 해 보셔야 할 것 같습니다.	Please tell ~ . It looks like ~ . I suggest ~ .
	말하기	☐ ~가 가능할까요? ☐ ~에 문제가 있어요. ☐ ~가 필요해요.	Is it possible to ~ ? I have problem with ~ . I need ~ .
08 교통사고	듣기	☐ ~의 위치가 어딘가요? ☐ ~은 심각한가요? ☐ ~에 연락하셨나요?	Where did ~ occur? How serious are ~ ? Have you contacted ~ ?
	말하기	☐ ~가 부상을 입었어요. ☐ ~ 하려면 얼마나 걸리나요? ☐ 이미 ~했어요.	~ was injured. How long does it take for ~ ? I ~ already.

01 의사소통

1. 핵심패턴 3 ··· 상대방
이런 표현을 듣게 돼요

1. 다른 ~를 할 줄 아세요? — Do you speak any other ~ ?
2. ~를 이해할 수 있나요? — Do you understand ~ ?
3. ~를 설명하실 수 있나요? — Can you describe ~ ?

2. 단계별 핵심대화 상대방 / 여행자

	상대방	여행자
1 언어 종류	어떤 언어를 할 줄 아시나요? What language do you speak?	한국어를 합니다. I speak Korean.
2 한국어 하는 사람	여기에 한국어 할 줄 아는 사람 있나요? Does anyone here speak Korean?	여기에 한국어를 할 줄 아는 사람은 없습니다. No one here speaks Korean.
3 영어 가능 여부	영어를 할 줄 아시나요? Do you speak English?	전 영어를 잘 못해요. ❶ I don't speak English well.
4 다른 언어	다른 언어를 할 줄 아세요? ❶ Do you speak any other languages?	중국어를 조금 할 줄 알아요. A bit of Chinese.
5 모국어	모국어가 무엇인가요? What is your native language?	저의 모국어는 한국어입니다. My native language is Korean.

3. 핵심단어

언어 language	한국어 Korean	말하다 speak
누구 anyone	잘 well	다른 any other
조금 a bit of	중국어 Chinese	모국어 native language

출국	기내	도착	교통	호텔	식사	관광
귀국	문제발생	편의시설	쇼핑	엔터테인먼트		

1. 핵심패턴 3 여행자

이렇게 말해보세요

① ~를 잘 못해요. — I don't speak ~ .
② ~해 주시면 알아들을 수 있겠어요. — I could understand if ~ .
③ ~로는 설명할 수 없어요. — I can't explain it in ~ .

2. 단계별 핵심대화 상대방 여행자

	상대방	여행자
6 천천히	천천히 말하면 이해할 수 있나요? ② <u>Do you understand</u> if I speak slower?	천천히 말씀해 주시면 알아들을 수 있겠어요. ② <u>I could understand if</u> you speak slowly.
7 무슨 뜻	방금 그건 무슨 뜻인가요? What do you mean by that just now?	당신이 그곳으로 가야 한다는 의미였습니다. I meant that you need to go there.
8 써 주세요	종이에 써 주실 수 있나요? Could you write it down on a paper, please?	이것입니다. 이해하시겠어요? This is it. Can you see now?
9 상황 설명	어떤 상황이었는지 영어로 설명하실 수 있나요? ③ <u>Can you describe</u> what the situation was in English?	영어로는 설명할 수 없어요. ③ <u>I can't explain it in</u> English.
10 통역사	한국어 통역이 가능하신 분을 불러 주세요. Please call a person who can translate Korean.	네, 찾아봐 드릴게요. I'll try to find one for you.

3. 핵심단어

이해하다	천천히	의미하다
understand	slowly	mean
~해야 한다	이해하다	설명하다
need to	see	describe
상황	설명하다	번역하다
situation	explain	translate

02 실종

1. 핵심패턴 3 · 상대방

이런 표현을 듣게 돼요

1. ~를 알려 주시겠어요? — Can you tell me ~ ?
2. 마지막으로 ~를 목격한 사람이 누구인가요? — Who saw ~ last?
3. ~를 찾았어요. — We've found ~ .

2. 단계별 핵심대화 상대방 여행자

		상대방	여행자
1	친구 실종	제 친구가 실종됐어요! My friend is missing!	이런! 어쩌다가요? Oh, how did that happen?
2	도움 요청	누군가 도움이 필요해요. ❶ I need somebody to help me.	경찰을 불러드릴게요. I will call police for you.
3	발생 경위	어찌된 일인가요? How did it happen?	친구와 만나기로 했는데 나타나지 않았어요. ❷ I was supposed to meet him but he did not show up.
4	나이·성별	친구의 나이와 성별을 알려 주시겠어요? ❶ Can you tell me his age and gender?	25세이고 남성입니다. He's 25 years old and a male.
5	인상 착의	무엇을 입고 있었나요? What was he wearing?	그는 청바지와 회색 재킷을 입고 있었어요. He was wearing jeans and a gray jacket.

3. 핵심단어

행방불명된 missing	누군가 somebody	발생하다 happen
~하기로 했다 be supposed to	나타나다 show up	성별 gender
남성 male	입고 있는 wearing	회색 gray

출국	기내	도착	교통	호텔	식사	관광
귀국	문제발생	편의시설	쇼핑	엔터테인먼트		

1. 핵심패턴 3 · 여행자

이렇게 말해보세요

① ~가 필요해요. I need ~ .
② 전 원래 ~하기로 했어요. I was supposed to ~ .
③ ~한 사람은 저일 겁니다. I could be the one who ~ .

2. 단계별 핵심대화 상대방 / 여행자

		상대방	여행자
6	마지막 목격자	마지막으로 그를 목격한 사람이 누구인가요? ② Who saw him last?	아마도 마지막으로 본 사람은 저일 겁니다. ③ I could be the one who saw him last.
7	연락 두절	핸드폰으로 연락해 보셨나요? Have you tried to contact him by his mobile phone?	핸드폰이 꺼져 있어 연락이 안 돼요. His mobile phone is turned off so that I cannot contact him.
8	찾아 보기	우선 호텔 주변부터 찾아봅시다. Let's first look for him around the hotel.	벌써 그렇게 했습니다. 아무도 그를 보지 못했다고 합니다. I already did. Nobody told me to have seen him.
9	실종자 방송	실종자 방송을 해야겠네요. I need to announce the missing person notice.	그렇게 해 주세요. 걱정이 되네요. Please do so. I'm worried.
10	실종자 발견	저희가 찾았어요. 호텔로 돌아오는 길을 잃어버렸다 하네요. ③ We've found him. He says that he lost his way back to the hotel.	도와주셔서 매우 고맙습니다! I really appreciate for your help!

3. 핵심단어

마지막으로	연락하다	끄다
last	contact	turn off
주변에	아무도 ~하지 않았다	방송하다
around	nobody	announce
공지	~로 돌아오는 길	고마워하다
notice	way back to~	appreciate

03 도난

1. 핵심패턴 3 ··· 상대방

이런 표현을 듣게 돼요

1. ~를 설명해 주세요. Please explain ~ .
2. 어떤 종류의 ~인가요? What kind of ~ is it?
3. ~로 어떻게 연락드릴까요? How can we contact ~ ?

2. 단계별 핵심대화 상대방 여행자

#	구분	상대방	여행자
1	소매치기	저 사람을 붙잡아요! Catch him!	놓쳤습니다. 너무 빨라요. We lost him. He's too fast.
2	도난품	지갑을 소매치기 당했어요. ❶ I got my wallet stolen!	다친 데는 없나요? Are you hurt?
3	신고	경찰 좀 불러 주세요. Please call the police.	네, 바로 불러드릴게요. Sure, I will, right now.
4	발생 장소	어디서 그런 일이 일어났나요? Where did it happen?	차이나 타운에서요. In China Town.
5	상황 설명	상황을 설명해 주세요. ❶ Please explain the situation.	쇼핑을 하고 있는 도중에 갑자기 지갑을 채 갔어요. ❷ Someone suddenly snatched away my wallet while I was shopping.

3. 핵심단어

붙잡다	지갑	훔치다
catch	wallet	steal
바로	일어나다	설명하다
right now	happen	explain
상황	갑자기	채가다
situation	suddenly	snatch away

출국 〉 기내 〉 도착 〉 교통 〉 호텔 〉 식사 〉 관광 〉
귀국 〉 문제발생 〉 편의시설 〉 쇼핑 〉 엔터테인먼트 〉

1. 핵심패턴 3 ... 여행자

이렇게 말해보세요

① ~를 당해어요. I got ~ .
② ~을 갑자기 채 갔어요. Someone suddenly snatched away ~ .
③ ~로 저한테 연락 주세요. Please contact me at ~ .

2. 단계별 핵심대화   상대방 여행자

6 인상 착의	소매치기의 인상착의는 어땠나요? What did the robber look like?	키가 작은 백인 남자였어요. He was a short white male.
7 지갑 모양	어떤 종류의 지갑인가요? ② What kind of wallet is it?	검정색 몽블랑 지갑입니다. It's a black Montblanc wallet.
8 분실 금액	현금을 얼마나 가지고 계셨나요? How much money were you carrying?	현금 600달러하고, 여행자수표 500달러요. 600 dollars in cash and 500 dollars in traveler's checks.
9 대사관 연락	한국 대사관에 연락을 하고 싶어요. I'd like to contact the Korean Embassy.	여기 한국 대사관 전화번호가 있습니다. Here is the phone number.
10 연락처	지갑을 찾으면 어떻게 연락 드릴까요? ③ How can we contact you once we find the wallet?	지갑을 찾으시면 이 번호로 저한테 연락 주세요. ③ Please contact me at this number when you find it.

3. 핵심단어

소매치기 robber	백인 남성 white male	~ 종류의 kind of ~
지갑 wallet	가지고 있다 carry	여행자수표 traveler's checks
대사관 embassy	연락하다 contact	일단 ~하면 once

04
분실

1. 핵심패턴 3 ··· 상대방   이런 표현을 듣게 돼요

- ❶ ~는 확인해 보셨어요? Have you checked with ~ ?
- ❷ ~에 있어요. It's at ~ .
- ❸ ~를 만들어 드릴게요. I'll prepare ~ .

2. 단계별 핵심대화   상대방 여행자

1 가방 분실	여기서 빨간 배낭 못 보셨나요? 방금 전까지 여기 있었거든요. ❶ <u>Have you seen</u> the red backpack? It was here just a minute ago.	아니요. 못 봤습니다. No, I didn't see it.
2 버스 내 분실	버스에 가방을 놓고 내렸어요. ❷ <u>I left bag on</u> the bus.	버스 번호를 기억하나요? Do you remember the bus number?
3 버스 번호	타임스퀘어로 가는 13번 버스를 탔습니다. I took No. 13 bus heading to the Times Square.	분실물 취급소에 확인해 보셨어요? ❶ <u>Have you checked with</u> the Lost-and-Found?
4 분실물 취급소	분실물 취급소는 어디에 있나요? Where is the lost-and-found?	버스 종점에 있어요. ❷ <u>It's at</u> the last stop of the bus.
5 분실물	무엇을 잃어버렸습니까? What did you lose?	가방을 분실했습니다. I lost my bag.

3. 핵심단어

배낭 backpack	방금 전 a minute ago	놓고 내리다 left on
무언가 something	~로 가는 heading	확인하다 check
분실물 취급소 lost-and-found	종점 last stop	잃어버리다 lose

출국 > 기내 > 도착 > 교통 > 호텔 > 식사 > 관광
귀국 > 문제발생 > 편의시설 > 쇼핑 > 엔터테인먼트

1. 핵심패턴 3 — 여행자

이렇게 말해보세요

1. ~를 보셨나요?
2. ~에 가방을 놓고 내렸어요.
3. ~하려면 어디로 가야 하나요?

Have you seen ~ ?
I left something on ~ .
Where should I go ~ ?

2. 단계별 핵심대화 상대방 여행자

6 내용물	가방 안에 무엇이 들어 있었나요? What was in your bag?	지갑, 여권, 항공티켓이 있었어요. Wallet, passport, and airline tickets.
7 분실물 신고서	보험 신청에 필요한데, 분실물 신고서를 작성해 주세요. Please make out the loss report. I need it for the insurance claim.	네, 준비해 드릴게요. Sure, ❸ **I'll prepare** it for you.
8 신고서 작성	이 내용이 맞는지 확인하시고 여기에 사인해 주세요. Please check wheather the contents are correct and then sign here.	네. 맞습니다. They are all correct.
9 연락 요망	가방을 찾으면 어디로 연락 드릴까요? Where should we contact if the bag is found.	찾으시면 이 번호로 저한테 연락 주세요. Please contact me at this number when you find it.
10 여권 재발급	여권을 재발급 받으려면 어디로 가야 하나요? ❸ **Where should I go** to get my passport re-issued?	한국 영사관으로 가셔야 합니다. You should go to the Korea Embassy.

3. 핵심단어

지갑 wallet	항공티켓 airline ticket	분실물 신고서 loss report
준비하다 prepare	내용 contents	맞는 correct
찾다 find	재발급하다 re-issue	대사관 embassy

05
병원

1. 핵심패턴 3 · 상대방

이런 표현을 듣게 돼요

- ❶ 오른편에 ~이 있어요. ~ will be on the right side.
- ❷ ~를 말씀해 주세요. Can you describe ~ ?
- ❸ ~가 있으신가요? Do you have any ~ ?

2. 단계별 핵심대화 상대방 / 여행자

1 병원 위치	가장 가까운 병원이 어디인가요? Where is the nearest hospital?	저기 사거리 지나서 오른편에 병원이 있어요. The hospital ❶ will be on the right side once you cross that intersection.
2 진료 요청	진료를 받고 싶어요. ❶ I'd like to see a doctor.	어디가 안 좋으신가요? Do you feel sick?
3 진찰 예약 확인	예약하셨나요? Have you made an appointment?	예약은 안 했습니다만, 너무 급해요. ❷ I don't have an appointment, but it's urgent.
4 사고 경위	어떻게 하다가 다치셨나요? How did you hurt yourself?	미끄러져서 넘어졌어요. I slipped and fell.
5 증상	상태를 말씀해 주세요? ❷ Can you describe to me how you feel?	발목 통증이 심해요. The pain in my ankle is very nasty.

3. 핵심단어

가장 가까운 nearest	병원 hospital	사거리 intersection
예약 appointment	급한 urgent	너 자신 yourself
미끄러지다 slip	설명하다 describe	통증이 심한 nasty

출국 > 기내 > 도착 > 교통 > 호텔 > 식사 > 관광
귀국 > 문제발생 > 편의시설 > 쇼핑 > 엔터테인먼트

1. 핵심패턴 3 ··· 여행자

이렇게 말해보세요

① ~하고 싶어요.　　　　　I'd like to ~ .
② 예약을 안 했습니다만 ~ .　I don't have an appointment, but ~ .
③ ~를 주시겠어요?　　　　Would you give me ~ ?

2. 단계별 핵심대화 상대방 여행자

6 증상부위	제가 한번 볼게요. 여기가 아픈가요? Let me take a look. Does it hurt here?	네, 거기와 그 밑 부분이 많이 아파요. Yes, there and the part below.
7 검사	몇 가지 검사를 해 봐야겠어요. I'd like to run some tests on you.	네, 검사를 해 주세요. Yes, please go ahead with the tests.
8 처방전	처방전을 드릴게요. I'll write you a prescription.	당신의 노고에 감사드립니다. Thank you for your service.
9 여행자보험	보험에 가입되어 있으신가요? ③ Do you have any insurance policies?	여행자보험에 들었습니다. I have traveler's insurance.
10 진단서	진단서를 끊어 주시겠어요? ③ Would you give me a medical certificate?	수납을 완료하시면 간호사가 드릴 거예요. The nurse will give it to you when you are finished with the payment.

3. 핵심단어

진찰하다 take a look	아래의 below	~을 하다 run
진행하다 go ahead	처방전 prescription	보험 insurance policy
여행자보험 traveler's insurance	진단서 medical certificate	수납 payment

06
약국

1. 핵심패턴 3 — 상대방

이런 표현을 듣게 돼요

- ❶ ~ 여기 있습니다.
- ❷ 언제부터 ~이 있었나요?
- ❸ ~해드릴게요.

- Here's ~ .
- When did ~ appear?
- I will prepare ~ .

2. 단계별 핵심대화 상대방 / 여행자

1. 약국 위치	가장 가까운 약국은 어디인가요? Where's the nearest drugstore?	저 아래 식료품가게 옆에 있어요. Next to the grocery store down there.
2. 처방전 없이	처방전 없이도 약을 살 수 있나요? Can I buy medicine without prescription?	간단한 약은 구입하실 수 있어요. You can buy simple medicines without prescription.
3. 처방전 대로	이 처방전대로 약을 조제해 주세요. Please make up the medicine according to the prescription.	네. 약 여기 있습니다. OK. ❶ **Here's** your medicine.
4. 약 구매	감기약 좀 주세요. Some cold medicines, please.	증상이 어떠신가요? What are your symptoms?
5. 증상	계속해서 기침하고, 약간 열이 나요. ❶ **I keep on** coughing and have a slight fever.	언제부터 증상이 있었나요? ❷ **When did** these symptoms **appear**?

3. 핵심단어

약국 drugstore	식료품가게 grocery store	~없이 without
처방전 prescription	~에 따라 according to~	감기약 cold medicine
증상 symptom	기침하다 cough	열 fever

출국 > 기내 > 도착 > 교통 > 호텔 > 식사 > 관광 >
귀국 > 문제발생 > 편의시설 > 쇼핑 > 엔터테인먼트 >

1. 핵심패턴 3 ··· 여행자

이렇게 말해보세요

1. 계속해서 ~ 해요.
2. 어떻게 ~해야 하나요?
3. ~은 있나요?

I keep on ~ .
How should I take ~ ?
Are there any ~ ?

2. 단계별 핵심대화 상대방 여행자

6 휴식	이틀쯤 되었어요. It's been 2 days since they appeared.	약을 지어드릴 테니 복용하시고 충분히 휴식을 취하세요. ❶ I will prepare some medicine for you. Take them and get enough rest.
7 복용 방법	어떻게 복용해야 하나요? ❷ How should I take this?	하루에 3번 식후에 드세요. Take 3 times a day after the meals.
8 부작용	부작용은 있나요? ❸ Are there any side effects?	특별한 부작용은 없습니다. There are no particular side effects.
9 알레 르기	알레르기를 보이는 약이 있나요? Are you allergic to any medications?	네, 아스피린에 알레르기가 있습니다. Yes, I am allergic to aspirin.
10 진찰 권유	꼭 더 큰 병원으로 가서 진찰을 받아 보세요. You should consult a doctor at the larger hospital.	네, 그럴게요. 감사합니다. I will. Thank you!

209

3. 핵심단어

~부터 since	나타나다 appear	휴식 rest
복용하다 take	식사 meal	특별한 particular
부작용 side effect	~에 알레르기가 있는 allergic to~	진찰받다 consult

07
차 고장

1. 핵심패턴 3 · 상대방
이런 표현을 듣게 돼요

1. ~를 알려 주세요. — Please tell ~ .
2. ~한 것 같아요. — It looks like ~ .
3. ~ 해 보셔야 할 것 같습니다. — I suggest ~ .

2. 단계별 핵심대화 상대방 / 여행자

1	긴급출동 서비스	차가 갑자기 멈췄어요. 긴급출동 서비스를 요청합니다. My Car suddenly stopped. I'm requesting an emergency service.	지금 계신 곳의 정확한 위치를 알려 주세요. ❶ **Please tell** us your exact whereabouts.
2	도착 일정	케네디공항 근처입니다. I'm near the Kennedy Airport.	15분 내에 도착예정입니다. We'll arrive in 15 minute.
3	문제점	무엇이 문제인가요? What seems to be the problem?	엔진 오일이 새는 것 같아요. ❷ **It looks like** the engine oil is leaking.
4	수리 요청	수리 가능할까요? ❶ **Is it possible to** repair it?	임시로 수리를 했습니다. I've repaired it temporarily.
5	차 상태	그럼 나중에 정비소에서 상세 점검을 받아 봐야겠네요. In that case, I should get a detailed inspection at the repair shop.	네. 가능한 빠른 시간 내에 정비를 받으십시오. Yes, get the maintenance as early as possible.

3. 핵심단어

갑자기	긴급출동 서비스	위치
suddenly	emergency service	whereabouts
~처럼 보이다	~하는 거 같다	새다
seem	look like	leak
수리하다	임시로	점검
repair	temporarily	inspection

출국 〉 기내 〉 도착 〉 교통 〉 호텔 〉 식사 〉 관광
귀국 〉 문제발생 〉 편의시설 〉 쇼핑 〉 엔터테인먼트

1. 핵심패턴 3 … 여행자

이렇게 말해보세요

❶ ~가 가능할까요?	Is it possible to ~ ?
❷ ~에 문제가 있어요.	I have problem with ~ .
❸ ~가 필요해요.	I need ~ .

2. 단계별 핵심대화 상대방 여행자

6 브레이크 고장	브레이크에 문제가 있어요. ❷ I have problem with the brake.	브레이크 패드를 조였으니 이제 잘될 거예요. Now that I've fastened the brake pads, it will work fine.
7 밧데리 아웃	밧데리가 나갔습니다. The battery is dead.	네, 충전해드리겠습니다. OK, I'll charge it for you.
8 엔진 고장	엔진이 고장난 것 같아요. It seems that the engine has some trouble.	정밀검사를 받아 보셔야 할 것 같습니다. ❸ I suggest a thorough inspection.
9 엔진 오일 교체	엔진 오일 좀 봐 주세요. ❸ I need you to check the oil.	꽤 낮아져 있네요. 엔진 오일을 교체하셔야겠어요. It's quite low. You need to change the engine oil.
10 팬 벨트 교체	팬 벨트가 낡아서 새로 교체했습니다. We installed a new fan belt because the last one was worn out.	다른 문제는 없나요? Any other problems?

3. 핵심단어

조이다 fasten	잘 작동하다 work fine	(밧데리가) 나간 dead
충전하다 charge	제안하다 suggest	총괄적인 thorough
꽤 quite	교체하다 install	낡다 worn out

08
교통사고

1. 핵심패턴 3 ··· 상대방

이런 표현을 듣게 돼요

① ~의 위치가 어딘가요? — Where did ~ occur?
② ~은 심각한가요? — How serious are ~ ?
③ ~에 연락하셨나요? — Have you contacted ~ ?

2. 단계별 핵심대화   상대방 | 여행자

	상대방	여행자
1. 교통사고 신고	911입니다. 무엇을 도와 드릴까요? 911, what is your emergency?	교통사고를 신고하려고 합니다. I'd like to report a traffic accident.
2. 사고 상황	침착하게 사고 상황을 말씀해 보세요. Tell me about the accident calmly.	3중 충돌 교통사고가 발생했어요. There was a triple collision traffic accident.
3. 사고 위치	사고 위치가 어딘가요? ❶ Where did the accident occur?	부둣가 근처 사거리입니다. At the intersection near the waterfront.
4. 부상자	부상자가 있나요? Is anybody hurt?	제 친구가 부상을 입었어요. My friend ❶ was injured.
5. 부상 상태	부상은 심각한가요? ❷ How serious are the injuries?	팔이 부러졌어요. He broke his arm.

3. 핵심단어

비상(사태)	교통사고	침착하게
emergency	traffic accident	calmly
발생하다	부두	부상당하다
occur	waterfront	injure
심각한	부상	부러지다
serious	injury	break

출국 〉 기내 〉 도착 〉 교통 〉 호텔 〉 식사 〉 관광
귀국 〉 **문제발생** 〉 편의시설 〉 쇼핑 〉 엔터테인먼트

1. 핵심패턴 3 — 여행자

이렇게 말해보세요

1. ~가 부상을 입었어요. — ~ was injured.
2. ~ 하려면 얼마나 걸리나요? — How long does it take for ~ ?
3. 이미 ~했어요. — I ~ already.

2. 단계별 핵심대화 상대방 / 여행자

	상대방	여행자
6 응급처치	응급처치는 했나요? Did you give him first aid?	네, 했습니다. 빨리 앰뷸런스를 불러 주세요. Yes, I did. Please call an ambulance as soon as possible.
7 응급차 도착 시간	앰뷸런스가 도착하려면 얼마나 걸리나요? How long does it take for the ambulance to arrive?	10분 내입니다. 최대한 빨리 도착하겠습니다. In about 10 minutes. It will be there as quickly as possible.
8 신분증	신분증을 보여 주세요. Please show me your ID.	여기 제 국제운전면허증과 여권 있습니다. Here is my international driver's license and passport.
9 보험사 연락	보험사에 연락하셨나요? ❸ Have you contacted the insurance company?	네, 이미 연락했어요. Yes, ❸ I called them already.
10 사고 신고서	사고접수증을 발급해 주세요. Please issue an accident report for me.	현장을 확인하고 나서 작성해드릴게요. I'll write it up for you after I inspect the scene.

213

3. 핵심단어

응급처치 first aid	가능한 빨리 as soon as possible	도착하다 arrive
빨리 quickly	운전면허증 driver's license	보험사 insurance company
사고접수증 accident report	조사하다 inspect	현장 scene

⑫ 귀국

01 공항 이동

듣기
- ~마다. — Every ~ .
- ~를 타셔야 합니다. — You should take ~ .
- 대략 ~ 정도. — About ~ .

말하기
- ~로 가려고 합니다. — I'm heading to ~ .
- ~을 어디서 타나요? — Where can I take ~ ?
- ~까지 얼마나 걸릴까요? — How long will it take to get to ~ ?

02 공항 로비

듣기
- ~앞에 — in front of ~ .
- ~와 ~사이에 — between ~ and ~ .
- ~은 바로 옆에 있습니다. — You can find it right next to ~ .

말하기
- 어느 쪽이 ~인가요? — Which one is ~ ?
- ~는 어디에 있나요? — Where can I find ~ ?
- 이 근처에 ~이 있나요? — Is there any ~ around here?

03 발권

듣기
- ~를 주세요. — Let me have ~ .
- ~을 예약하셨네요. — You've booked ~ .
- ~를 올려 주세요. — Please put ~ .

말하기
- 여기 ~입니다. — Here's ~ and .
- ~할 수 있겠지요? — I can ~, can't I?
- ~적립해 주세요. — Please save up ~ to my account.

04 보안 검색

듣기
- ~을 보여 주세요. — May I see ~ ?
- ~에 가지고 탈 수 없습니다. — You can't board with ~ .
- ~에 넣어 주세요. — Please place ~ .

말하기
- ~해야 하나요? — What should I ~ ?
- ~할 수밖에 없어요. — But I have no choice but to ~ .
- ~을 꺼내었습니다. — I've emptied ~ .

여행 영어회화 필수 패턴 실력 테스트

사전체크로 나의 실력을 알아보세요.

05 출국 심사	듣기	☐ ~하지 않아도 됩니다. ☐ ~의 목적은 무엇인가요? ☐ ~한 적이 있으신가요?	You don't need to ~ . What's the purpose of ~ ? Have you ever been ~ ?
	말하기	☐ 실수했군요. ☐ ~을 방문했습니다. ☐ 우리 일행은 ~입니다.	~ made a mistake. I visited ~ . We are a company of ~ .
06 면세점	듣기	☐ ~에 따라 ☐ 더 ~것이 있으신가요? ☐ ~을 어떻게 하시겠어요?	Depending on ~ . Is there anything more ~ ? How would you like to ~ ?
	말하기	☐ 특별 ~은 무엇인가요? ☐ ~을 주세요. ☐ ~을 사용할 수 있나요?	What's the special ~ ? Let me have ~ . Can I use ~ ?
07 탑승	듣기	☐ ~로 가세요. ☐ ~ 때문에 ☐ 죄송합니다만, ~할 예정입니다.	Please proceed to ~ . due to ~ . Sorry, but it will be ~ .
	말하기	☐ 몇 시까지 ~로 가야 하나요? ☐ ~로 가는 길 좀 가르쳐 주세요. ☐ ~로 가는 길인가요?	What time should I be at ~ ? Could you direct me to ~ ? Is this way to ~ ?
08 세관 신고	듣기	☐ ~할 것이 있으신가요? ☐ ~안에는 무엇이 있나요? ☐ ~의 가격은 얼마인가요?	Do you have anythings to ~ ? What's in ~ ? What's the price of ~ ?
	말하기	☐ ~은 아무것도 없습니다. ☐ ~을 신고합니다. ☐ ~의 금액은 얼마입니까?	I don't have any ~ . I'm declaring ~ . What's the amount of ~ ?

01
공항 이동

1. 핵심패턴 3 ··· 상대방
이런 표현을 듣게 돼요

❶ ~마다.	Every ~ .
❷ ~를 타셔야 합니다.	You should take ~ .
❸ 대략 ~ 정도.	About ~ .

2. 단계별 핵심대화 상대방 여행자

1 콜택시	공항에 가려고 합니다. 콜택시 하나 불러주세요. ❶ I'm heading to the airport. Please call a cab.	네, 바로 불러드릴게요. Sure, right away.
2 목적지	공항으로 가 주세요. Take me to the airport.	네, 알겠습니다. Yes, sir.
3 셔틀버스 시간	공항 셔틀버스는 얼마나 자주 있나요? How often does the shuttle bus run?	30분마다 있습니다. ❶ Every 30 minutes.
4 탑승 장소	공항 셔틀버스를 어디서 타나요? ❷ Where can I take the airport shuttle bus?	저기 호텔 앞에서 타시면 됩니다. In front of that hotel.
5 지하철	공항 가려면 몇 호선을 타야 하나요? Which line should I take to get to the airport?	9호선을 타셔야 합니다. ❷ You should take No. 9 line.

3. 핵심단어

~로 향하다 head	콜택시를 부르다 call a cab	바로 right away
자주 often	셔틀버스 shuttle bus	마다 every
타다 take	앞에 in front of	호선 line

출국 〉 기내 〉 도착 〉 교통 〉 호텔 〉 식사 〉 관광 〉
귀국 〉 문제발생 〉 편의시설 〉 쇼핑 〉 엔터테인먼트

1. 핵심패턴 3 · 여행자

이렇게 말해보세요

❶ ~로 가려고 합니다.	I'm heading to ~ .
❷ ~을 어디서 타나요?	Where can I take ~ ?
❸ ~까지 얼마나 걸릴까요?	How long will it take to get to ~ ?

2. 단계별 핵심대화 상대방 여행자

6 환승
공항 가려면 어디서 환승해야 하나요?
Where do I need to transfer to go to the airport?

3정거장 후 환승해야 합니다.
Transfer after 3 stops.

7 출구
출발로 가려면 몇 번 출구로 나가야 하나요?
Which exit is to the departure floor?

2번 출구로 나가셔야 합니다.
You should exit from No. 2 gate.

8 버스
공항 가는 버스는 몇 번인가요?
What's the bus number that goes to the airport?

5000 버스가 공항갑니다.
Bus 5000 goes to the airport.

9 소요시간
공항까지 얼마나 걸릴까요?
❸ How long will it take to get to the airport?

대략 1시간 정도 걸립니다.
❸ About an hour.

10 하차
공항에 도착하였습니다. 버스에서 하차하십시오.
We are at the airport now. Please alight from the bus.

감사합니다.
Thanks.

3. 핵심단어

~해야 한다	환승하다	출구
need to	transfer	exit
정거장	출발층	~로 부터
stop	departure floor	from
버스 번호	~로 가다	하차하다
bus number	go to~	alight

02
공항 로비

1. 핵심패턴 3 ... 상대방

이런 표현을 듣게 돼요

❶ ~앞에	in front of ~ .
❷ ~와 ~사이에	between ~ and ~ .
❸ ~은 바로 옆에 있습니다.	You can find it right next to ~ .

2. 단계별 핵심대화   상대방 / 여행자

#	상황	상대방	여행자
1	국제선 터미널 위치	국제선 터미널은 어느 쪽인가요? ❶ Which one is the international airport terminal?	A동이 국제선 터미널이고, B동이 국내선 터미널입니다. A-wing is an international terminal and B-wing is a domestic terminal.
2	카트 위치	카트는 어디에 있나요? Where are the baggage carts?	출입구 바로 앞에 있습니다. They are ❶ in front of the entrance.
3	짐 운반	제 짐 좀 같이 들어 주시겠어요? Could you please carry my baggage with me?	네, 그러죠. 짐이 많으시네요. Of course, you've got a lot of baggage!
4	안내데스크 위치	안내데스크는 어디에 있나요? Where is the information desk?	D와 E 사이에 있습니다. It's in ❷ between D and E.
5	공항배치도 위치	공항배치도는 어디에 있나요? ❷ Where can I find airport facility guide board?	안내데스크 바로 옆에 있습니다. ❸ You can find it right next to the information desk.

3. 핵심단어

국제선의 international	국내선의 domestic	카트 baggage cart
출입구 entrance	들다 carry	많은 a lot of
안내데스크 information desk	~사이에 between	공항배치도 facility guide board

출국 > 기내 > 도착 > 교통 > 호텔 > 식사 > 관광
귀국 < 문제발생 < 편의시설 < 쇼핑 < 엔터테인먼트

1. 핵심패턴 3 ... 여행자

이렇게 말해보세요

① 어느 쪽이 ~인가요? — Which one is ~ ?
② ~는 어디에 있나요? — Where can I find ~ ?
③ 이 근처에 ~이 있나요? — Is there any ~ around here?

2. 단계별 핵심대화 상대방 여행자

6 항공편 안내판 위치	항공편 안내판은 어디있나요? Where are the flight informations board?	체크인 카운터 근처에 있습니다. It's displayed near the check-in counters.
7 체크인 카운터 위치	대한항공 체크인 카운터는 어디인가요? Where's the Korean Air check-in counter?	오른쪽 3번째 카운터입니다. It's the 3rd counter on the right.
8 환전소 위치	환전소는 어디에 있나요? Where is the money exchange booth?	H와 I 사이에 있습니다. It's in between H and I.
9 화장실 위치	화장실이 어디에 있나요? Where is the restroom?	C와 D사이에 있습니다. Between C and D.
10 편의점 위치	이 근처에 편의점이 있나요? ③ Is there any convenient stores around here?	저쪽 약국 근처에 있습니다. It's nearby the pharmacy over there.

3. 핵심단어

항공편 안내판 flight information board	(정보를) 보여주다 display	카운터 counter
오른쪽 right	환전소 money exchange booth	~와 ~ 사이에 between -and ~
화장실 restroom	편의점 convenient store	약국 pharmacy

03
발권

1. 핵심패턴 3 ··· 상대방   이런 표현을 듣게 돼요

❶ ~를 주세요.	Let me have ~ .
❷ ~을 예약하셨네요.	You've booked ~ .
❸ ~를 올려 주세요.	Please put ~ .

2. 단계별 핵심대화   상대방 여행자

1 발권	한국행 비행기 발권을 하고 싶어요. I'd like a ticket bound for Korea.	여권과 예약번호를 주세요. ❶ Let me have your passport and reservation number.
2 예약 정보	여기 제 여권과 예약번호입니다. ❶ Here's my passport and reservation number.	2시 한국행 비행기를 예약하셨네요. ❷ You've booked a flight for New York, right?
3 좌석 지정	좌석은 창문 쪽으로 하시겠어요? 통로 쪽으로 하시겠어요? Would you like a window or aisle seat?	통로 쪽 좌석으로 부탁해요. A aisle seat, please.
4 동행자	동행이 있으신가요? Is anybody traveling with you?	동행자 1명이 있습니다. Just with one companion.
5 짐 붙이기	부치실 짐이 있으신가요? Do you have any baggage to check in?	이 가방은 부쳐주시고요. 이 가방은 가지고 탈게요. Please check-in this bag and I'll carry this bag with me.

3. 핵심단어

~로 향하는 bound for	예약번호 reservation number	예약하다 book
통로 쪽 좌석 aisle seat	창문 쪽 좌석 window seat	여행하다 travel
동행자 companion	짐 baggage	부치다 check-in

출국 > 기내 > 도착 > 교통 > 호텔 > 식사 > 관광
귀국 < 문제발생 < 편의시설 < 쇼핑 < 엔터테인먼트

1. 핵심패턴 3 여행자

이렇게 말해보세요

① 여기 ~입니다.   Here's ~ and ~ .
② ~할 수 있겠지요?   I can ~, can't I?
③ ~적립해 주세요.   Please save up ~ to my account.

2. 단계별 핵심대화 상대방 여행자

6 핸드캐리	이 가방은 가지고 탈 수 있겠지요? ② I can carry this bag with me, can't I?	네. 그 사이즈는 핸드캐리 가능합니다. Yes, that size can be hand-carried.
7 무게 측정	부치실 짐을 저울에 올려 주세요. ③ Please put the baggage on the scale.	깨질 물건이 있으니, 파손 위험 스티커를 붙여 주세요. Please put the 'Fragile' sticker on the baggage because there're breakable.
8 스크린 검사	스크린 검사가 있으니 5분간 대기 후에 가십시오. Please standby for 5 minutes for the screening before you proceed.	네. 그럴게요. OK, I will.
9 마일리지 적립	이 비행을 제 마일리지에 적립해 주세요. ③ Please save up this flying mileges to my account.	네. 바로 지금 처리하였습니다. Of course, it's been done as we speak.
10 탑승권 배부	다 됐습니다. 여기 탑승권 있습니다. 20번 게이트로 가십시오. You're all set. Here's your boarding pass. Please proceed to gate 20.	감사합니다. Thank you!

3. 핵심단어

휴대하다	핸드캐리	저울
carry with	hand-carried	scale
파손 위험	깨지기 쉬운	대기하다
fragile	breakable	standby
가다	적립하다	계좌
proceed	save up	account

04
보안검색

1. 핵심패턴 3 · 상대방   이런 표현을 듣게 돼요

❶ ~을 보여 주세요.	May I see ~ ?
❷ ~에 가지고 탈 수 없습니다.	You can't board with ~.
❸ ~에 넣어주세요.	Please place ~.

2. 단계별 핵심대화   상대방 여행자

1. 여권·탑승권 확인
여권과 탑승권을 보여 주세요.
❶ May I see your passport and the boarding pass, please?

여기 있습니다.
Here they are.

2. 액체류
100ml가 넘는 액체류는 기내에 가지고 탈 수 없습니다.
❷ You can't board with liquid products over 100ml.

그럼 어떻게 해야 하나요?
So ❶ what should I do?

3. 처리방법
짐으로 부치거나, 버리셔야 합니다.
Throw away or send it as a baggage.

애석하지만 버릴 수밖에 없네요.
Heartbreaking!
❷ But I have no choice but to throw it away.

4. 벨트·신발
벨트와 신발은 바구니에 넣어 주세요.
❸ Please place your belt and shoes in the tray.

네. 넣었습니다.
OK, done.

5. 소지품
보안검색을 위해서 주머니 속 소지품을 모두 꺼내 주세요.
Please take out all your belongings for security inspection.

네. 여기에 모두 꺼내었습니다.
Yes, ❸ I've emptied my pockets already.

3. 핵심단어

여권 passport	탑승권 boarding pass	~을 가지고 탈 수 없다 can't board with
액체류 liquid products	버리다 throw away	애석한 heartbreaking
~을 넣다 place	바구니 tray	꺼내다 empty

출국	기내	도착	교통	호텔	식사	관광
귀국	문제발생	편의시설	쇼핑	엔터테인먼트		

1. 핵심패턴 3 `여행자`

이렇게 말해보세요

❶	~해야 하나요?	What should I ~ ?
❷	~할 수밖에 없네요.	But I have no choice but to ~ .
❸	~을 꺼내었습니다.	I've emptied ~ .

2. 단계별 핵심대화 `상대방` `여행자`

6	전자제품	전자제품은 다른 바구니에 담아 주세요. 노트북을 가지고 있습니까? Put the electronics in another tray. Do you have a laptop?	네, 이미 여기 꺼내 놓았습니다. Yes, I took it out already here.
7	검색대	검색대를 통과하신 후 양팔을 벌리고 서 주세요. Walk through the secreening device and spread your arms.	네. 그럴게요. OK.
8	가방 검사	이 가방 안에는 뭐가 있나요? What's in this bag?	옷과 개인용품들입니다. My clothes and personal belongings.
9	금지 물품	이 라이터는 가져가실 수 없습니다. You can't bring this lighter with you.	죄송해요. 몰랐어요. Sorry, I didn't know.
10	검사 완료	다 됐습니다. 가셔도 됩니다. All done. Go ahead.	감사합니다. Thank you.

3. 핵심단어

전자제품 electronics	꺼내 놓다 take it out	지나가다 walk through
검색대 secreening device	펼치다 spread	개인용품 personal belongings
가져가다 bring	라이터 lighter	가세요 go ahead

05
출국심사

1. 핵심패턴 3 — 상대방 　　이런 표현을 듣게 돼요

> ❶ ~하지 않아도 됩니다.　　You don't need to ~ .
> ❷ ~의 목적이 무엇인가요?　　What's the purpose of ~ ?
> ❸ ~한 적이 있으신가요?　　Have you ever been ~ ?

2. 단계별 핵심대화　상대방　여행자

1 출국심사대	출국심사대는 어디인가요? Where is the immigration counter?	저쪽으로 가세요. Go that way.
2 출국카드	출국카드는 어디에 있나요? Where's the departure card?	출국카드는 작성하지 않아도 됩니다. ❶ You don't need to write the department card.
3 대기선	외국인 쪽으로 줄을 서세요. Please stand in the line for foreigners.	미안합니다. 실수했군요. Sorry, I ❶ made a mistake.
4 여권·탑승권 확인	여권과 탑승권을 보여 주세요. Please show me your passport and the boarding pass.	여기 있어요. Here they are.
5 직업	직업은 무엇입니까? What is your occupation?	회사원입니다. I'm a corporate employee.

3. 핵심단어

출국심사대 immigration counter	저쪽 길로 가다 go that way	출국카드 departure card
~할 필요가 없다 don't need to	서다 stand in	외국인 foreigner
실수하다 make a mistake	직업 occupation	회사원 corporate employee

출국   기내   도착   교통   호텔   식사   관광
귀국   문제발생   편의시설   쇼핑   엔터테인먼트

1. 핵심패턴 3 · 여행자

이렇게 말해보세요

① 실수했군요. — ~ made a mistake.
② ~을 방문했습니다. — I visited ~ .
③ 우리 일행은 ~입니다. — We are a company of ~ .

2. 단계별 핵심대화 상대방 여행자

	상대방	여행자
6. 출국 목적	출국 목적은 무엇인가요? ② What's the purpose of your departure?	여행왔다가 귀국합니다. I traveled and come back.
7. 출국 일정	여행 기간이 어떻게 됐나요? What was your period of travel?	4박 5일간 뉴욕을 방문했습니다. ② I visited New York for 5days and 4nights.
8. 방문 횟수	전에 여기 방문하신 적이 있으신가요? ③ Have you ever been here before?	네, 전에 2번 왔었습니다. Yes, twice before.
9. 동행인	함께 온 동행인이 있습니까? Is anyone with you?	네, 저를 포함해서 2명입니다. Yes, ③ we are a company of two, including myself.
10. 경유 국가	어떤 국가를 경유해 오셨나요? Which countries do you transfer at?	싱가폴을 경유해 왔습니다. I was transferring at Singapore.

3. 핵심단어

목적	관광	기간
purpose	pleasure	period
~할 예정이다	~한 적 있다	2번
plan to	have ever been	twice
~을 포함해서	국가	경유하다
including	country	transfer

06
면세점

1. 핵심패턴 3 · 상대방
이런 표현을 듣게 돼요

1. ~에 따라 — Depending on ~ .
2. 더 ~것이 있으신가요? — Is there anything more ~ ?
3. ~을 어떻게 하시겠어요? — How would you like to ~ ?

2. 단계별 핵심대화 · 상대방 / 여행자

1. 면세점 위치	면세점은 어디에 있나요? Where's the duty-free shop?	20번 게이트와 21번 게이트 사이에 있습니다. It's in between No. 20 and 21 gate.
2. 면세 할인율	면세할인율은 어떻게 되나요? What are the tax exemption rates?	품목에 따라 10%부터 3%까지입니다. ❶ Depending on the item, it ranges from 10% to 3%.
3. 면세 한도	1인당 면세한도는 얼마까지인가요? How much is the duty free amount allowed per person?	그것은 방문하는 국가에 따라 다릅니다. That depends on your visiting countries.
4. 행사 제품	오늘의 특별 행사제품은 무엇인가요? ❶ What's the special promotional item for today?	전자제품입니다. 높은 할인율이 제공됩니다. Electronics. They offer high discount rates.
5. 제품 구매	담배 2보루와 위스키 1병 주세요. ❷ Let me have 2 cartons of cigarettes and 1 bottle of whisky, please.	여기 있습니다. Here you go.

3. 핵심단어

면세점	~사이에	면세할인율
duty-free shop	between	tax exemption rates
~에 따라	~ 정도의 범위를 가지다	면세한도
depending on	range	duty free amount
허용하다	특별 행사제품	(담배)보루
allow	special promotion item	carton

출국　　기내　　도착　　교통　　호텔　　식사　　관광

귀국　　문제발생　　편의시설　　쇼핑　　엔터테인먼트

1. 핵심패턴 3 … 여행자

이렇게 말해보세요

1. 특별 ~은 무엇인가요? What's the special ~ ?
2. ~을 주세요. Let me have ~ .
3. ~을 사용할 수 있나요? Can I use ~ ?

2. 단계별 핵심대화 상대방 여행자

6 추가구매	더 필요한 것이 있으신가요? ❷ Is there anything more you need?	네. 이 초콜릿도 1상자 살게요. Yes, I will have this box of chocolates.
7 결제방법	계산은 어떻게 하시겠어요? ❸ How would you like to pay?	신용카드로 계산할게요. Please charge it on my credit card.
8 여권·탑승권 확인	여권과 탑승권을 보여 주세요. May I have your passport and the boarding pass, please?	여기 있습니다. Here they are.
9 쿠폰사용	이 할인쿠폰을 사용할 수 있나요? ❸ Can I use this discount coupon here?	네. 가격에 쿠폰을 적용해드릴게요. Yes, I'll apply the coupon on the price.
10 물건수취	물건 여기 있습니다. 탑승 전에는 오픈하지 마세요. Here are your things. Please do not open them before you board the plane.	알겠습니다. 고맙습니다. I understand. Thank you!

3. 핵심단어

더 ~한 것 anything more	지불하다 pay	계산하다 charge
여권 passport	탑승권 boarding pass	할인쿠폰 discount coupon
적용하다 apply	오픈하지 마세요 do not open	탑승하다 board

07 탑승

1. 핵심패턴 3 … 상대방

이런 표현을 듣게 돼요

❶ ~로 가세요.	Please proceed to ~.
❷ ~ 때문에.	due to ~.
❸ 죄송합니다만, ~할 예정입니다.	Sorry, but it will be ~.

2. 단계별 핵심대화 상대방 / 여행자

1	게이트 번호	몇 번 게이트로 가야 하나요? Which gate should I go to?	20번 게이트로 가세요. ❶ Please proceed to Gate 20.
2	게이트 대기 시각	몇 시까지 게이트로 가야 하나요? ❶ What time should I be at the gate?	늦어도 탑승 20분전까지는 게이트로 가십시오. Please show up to the gate at least 20 minuite before boarding.
3	게이트 가는 길 (1)	20번 게이트로 가는 길 좀 가르쳐 주세요. ❷ Could you direct me to gate No.20?	저쪽으로 쭉 가다 보면 왼편이에요. On the left down that way.
4	게이트 가는 길 (2)	여기가 20번 게이트로 가는 길인가요? ❸ Is this the way to gate No.20?	네. 이 홀을 따라 쭉 따라가세요. Yes, go straight down this hall.
5	탑승 게이트 확인	서울행 탑승 게이트가 여기인가요? Is this the gate for Seoul?	아니요, 바로 옆이에요. No, it's the next one.

3. 핵심단어

~로 가다 proceed	게이트 gate	(예정된 곳에) 나타나다 show up
탑승 boarding	알려주다 direct	왼쪽 아래로 left down
저쪽 that way	직진하다 go straight	홀(큰 방이나 건물) hall

출국 〉 기내 〉 도착 〉 교통 〉 호텔 〉 식사 〉 관광 〉
귀국 〉 문제발생 〉 편의시설 〉 쇼핑 〉 엔터테인먼트 〉

1. 핵심패턴 3 · 여행자

이렇게 말해보세요

① 몇 시까지 ~로 가야 하나요?   What time should I be at ~ ?
② ~로 가는 길 좀 가르쳐 주세요.   Could you direct me to ~ ?
③ ~로 가는 길인가요?   Is this way to ~ ?

2. 단계별 핵심대화 상대방 / 여행자

6	탑승 개시 시각	탑승은 언제부터 시작하나요? When does the boarding start?	오전 10시 40분부터 탑승을 시작합니다. It starts from 10:40 AM
7	출발 지연	왜 출발이 늦어지는 건가요? Why is departure delayed?	활주로 안개 때문에 출발이 지연되고 있어요. Departure is being delayed ❷ due to the fog on the runway.
8	지연 예상 시간	탑승이 얼마나 지연될까요? How long will the boarding be delayed?	죄송합니다만, 약 1시간 지연될 예정입니다. ❸ Sorry, but it will be delayed for about one hour.
9	탑승 시작	언제 탑승을 시작하나요? When's the boarding start?	지금부터 탑승을 시작하겠습니다. 줄을 서 주세요. We will begin boardng now, please join the line.
10	탑승권 확인	탑승권을 보여 주세요. Boarding pass, please.	여기 있습니다. Here you go.

3. 핵심단어

탑승 boarding	시작하다 start	출발 departure
늦어지다 delay	~때문에 due to	활주로 runway
시작하다 begin	줄 서다 join the line	탑승권 boarding pass

08
세관 신고

1. 핵심패턴 3 ··· 상대방

이런 표현을 듣게 돼요

❶ ~할 것이 있으신가요?	Do you have anythings to ~ ?
❷ ~안에는 무엇이 있나요?	What's in ~ ?
❸ ~의 가격은 얼마인가요?	What's the price of ~ ?

2. 단계별 핵심대화 상대방 여행자

	상대방	여행자
1. 세관 신고서 제출	세관신고서를 제출해 주세요. Customs declaration card, please.	네, 여기 있습니다. Here you are.
2. 신고 물품 (1)	신고할 것이 있으신가요? ❶ Do you have anythings to declare?	네, 위스키 1병이 있습니다. Yes, I have a bottle of whiskey.
3. 신고 물품 (2)	이게 전부입니까? Is this all?	신고할 것은 그게 전부입니다. That's all I am declaring.
4. 과일·채소	과일이나 채소가 있습니까? Do you have any fruits or vegetables?	아니요, 신선제품은 아무것도 없습니다. No, ❶ I don't have any fresh products.
5. 내용물	가방 안에는 무엇이 있나요? ❷ What's in your bag?	제 개인 소지품들입니다. My personal belongings.

3. 핵심단어

세관신고서 Customs declaration card	신고하다 declare	1병의 a bottle of
전부 all	과일 fruit	채소 vegetable
신선제품 fresh product	개인의 personal	소지품 belongings

출국 〉 기내 〉 도착 〉 교통 〉 호텔 〉 식사 〉 관광
귀국 〉 문제발생 〉 편의시설 〉 쇼핑 〉 엔터테인먼트

1. 핵심패턴 3 여행자

이렇게 말해보세요

① ~은 아무것도 없습니다. — I don't have any ~
② ~을 신고합니다. — I'm declaring ~
③ ~의 금액은 얼마입니까? — What's the amount of ~ ?

2. 단계별 핵심대화 상대방 여행자

	상대방	여행자
6 자진신고	과세물품의 자진신고를 부탁드립니다. Please declare items voluntarily.	이 물품만을 신고합니다. ② I'm declaring item only.
7 과세금액	이것에 대한 과세 금액은 얼마입니까? ③ What's the amount of tax for this?	이것의 가격은 얼마인가요? ③ What's the price of this?
8 구매가격	약 1,000달러짜리입니다. 1,000 dollars.	그럼 세금은 50불입니다. Then, the duty is 50 dollars.
9 영수증	영수증 있으신가요? Do you have a receipt?	네. 여기 있습니다. Yes, here it is.
10 검사완료	다 끝났습니다. 가셔도 좋습니다. 녹색 통로를 따라서 나가십시오. Here. You can go now. Please follow the green line for exit.	네. 감사합니다. OK, thank you.

3. 핵심단어

물품 item	자발적으로 voluntarily	세금 tax
총액 amount	가격 price	세금 duty
영수증 .receipt	녹색 통로 green line	출구 exit